Der Mann, der die Sterne steckte

Katherine MacLean

Writat

Diese Ausgabe erschien im Jahr 2023

ISBN: 9789359252988

Herausgegeben von
Writat
E-Mail: info@writat.com

DER MANN, DER DIE STERNE HAT

Von CHARLES DYE

Bryce Carter konnte sich ein selbstgefälliges Lächeln leisten. Denn war er nicht ruhmreich von Thieves Row zum Direktor der berühmten UT aufgestiegen? Warteten die Erde, der Mond und der ganze Gürtel nicht gerade in diesem Augenblick auf seinen Befehl zum großen Coup? Und war sein Cousin aus Montehedo nicht eine von Sternen gesandte Hilfe?

Womit verdiene ich meinen Lebensunterhalt?" wiederholte der schlanke, dunkelhäutige junge Mann auf dem Nebensitz des Erde-Mond-Linienschiffs. „Ich bin ein Hexendoktor", antwortete er völlig aufrichtig.

„Was machen Sie? Ich meine, wofür stellen sie Sie ein?" fragte Donahue mit verständlicher Verwirrung und einem Anflug von Nervosität.

„Ich bin als Psychotherapeut registriert", sagte der dunkelhäutige junge Mann. Er sah zu jung aus, um einen Beruf auszuüben, kaum neunzehn, aber das könnte nur ein Zeichen von Talent sein, überlegte Donahue. Die neuen Lehr- und Prüfungsmethoden machten sie jung.

„Ich weiß, dass ich ein Hexendoktor bin, weil mein Großvater und sein Vater und der Vater seines Vaters Hexendoktoren waren und ich eine spezielle Technik von meinen Onkeln gelernt habe, die registrierte Therapeuten mit medizinischen Abschlüssen wie ich sind. Aber die Technik ist nicht die, die man findet." In den Büchern ist es ... ungewöhnlich. Sie sagen nicht, wo sie es gelernt haben, aber es ist nicht schwer zu erraten. Der dunkle Junge zuckte fröhlich mit den Schultern. „Also – ich bin ein Hexendoktor."

„Das ist ein interessanter Gedanke", sagte Donahue. Es würde eine lange dreitägige Reise zum Mond werden und er hatte damit gerechnet, dass er sich langweilen würde, aber dieses Gespräch war nicht langweilig. "Was machst du?" fragte er noch einmal. "Speziell." Donahue hatte markante Gesichtszüge, eine dunkle Bräune und hübsches, sonnengebleichtes Haar, das etwas zu lang getragen wurde. Er strahlte eine Art rauen Charme aus, der ihn zu einer Klasse von Politikern machte, und er wusste, wie er die Leute anlocken konnte, sodass er es sich nun bequemer machte, ihm längere Zeit zuzuhören. „Erzähl mir mehr und komm mit mir auf einen Drink." Er gab der Gastgeberin ein Zeichen und fuhr mit der richtigen Mischung aus bewunderndem Interesse und herablassender Skepsis fort . „Du singst doch keine Zaubersprüche und heuerst Geister an, oder?"

"Nicht genau." Das dunkle, unschuldig aussehende junge Gesicht lächelte mit einem fröhlichen Aufblitzen weißer Zähne. „Ich erzähle Ihnen, was ich einem Mann angetan habe, einem Mann namens Bryce Carter."

Eine Gruppe Männer saß in einem Wolkenkratzer am Cape Hatteras, ihr Tisch stand parallel zu einem riesigen, vom Boden bis zur Decke reichenden Fenster, das den bewölkten Himmel und die grauen Wellen des Atlantiks überblickte. Sie waren die angesehenen Direktoren von Union Transport und verfügten, wie die meisten hochrangigen Männer, über einen ausgeprägten Sinn für Selbsterhaltung und ein Wissen über Mittel und Wege, das kaum Skrupel beinhaltete.

Der Vorsitzende klopfte leise. „Meine Herren, bitte um Ihre Aufmerksamkeit. Ich muss eine Ankündigung machen."

Das Stimmengewirr an dem langen Tisch verstummte, und die vierzehn Männer drehten ihre Gesichter um. Das Treffen war eine ganze Woche früher einberufen worden, und als Erklärung erwarteten sie einen Notfall. „Eine beunruhigende Ankündigung, fürchte ich. Jemand nutzt dieses Unternehmen für illegale Zwecke." Die Stimme des Vorsitzenden war sanft und entschuldigend.

Bryce Carter, der Zweite von der anderen Seite, geriet in einen Schockzustand angespannter, ausgeglichener Wachsamkeit. Wie viel wusste er? Er zeigte keine Anzeichen von Emotionen, sondern griff nach einer Zigarette, um jede Veränderung in seinem Atem zu überdecken, und fummelte vielleicht mehr als sonst herum.

Die Männer am langen Tisch warteten und zeigten eine Reihe gelangweilter Gesichtsausdrücke, die jedoch in keinem Zusammenhang mit ihren wahren Reaktionen standen. Der Vorsitzende war ein kleiner, unauffälliger, rothaariger Mann, dessen Fähigkeiten sie so sehr respektierten, dass sie ihn zum Vorsitzenden gewählt hatten, um ihn dort zu haben, wo sie ihn beobachten konnten. Sie wussten, dass er nicht zu den Kleinigkeiten gehörte, und es herrschte einen Moment Stille. „In Ordnung, John", sagte einer, stieß den Atem aus und lehnte sich zurück, „Ich werde beißen. Was für illegale Zwecke?"

„Ich weiß nicht viel", entschuldigte sich der kleine Mann, „nur, dass die Kriminalitätsrate im Durchschnitt der von UT bedienten Städte sowie in Callastro City, Callastro und Panama City, wo wir gerade angekommen sind, um vierzig Prozent gestiegen ist." ein Raumhafen, es hat sich mehr als verdoppelt.

„Komischer Zufall", grunzte jemand.

„Sehr lustig", sagte ein anderer. „Wenn die Polizei es bemerkt und die Öffentlichkeit davon erfährt …"

Es gab dort keinen Mann, der bereitwillig seinen Platz an diesem Tisch aufgegeben hätte, niemand, der nicht wusste, dass er durch den Kampf um seinen Platz an diesem Tisch einen Teil der Kontrolle über das Schicksal des Sonnensystems übernommen hatte.

UT – Union Transport – weitete die Netze seines Transportdienstes über fast jede Stadt der Erde und die Dörfer und Straßen sowie Busse, Eisenbahnen und Fluggesellschaften dazwischen aus – und sogar bis zu den wenigen entfernten Häfen, in denen die Menschheit im Weltraum Fuß gefasst hatte. Doch seine Existenz hing in einem prekären Gleichgewicht mit dem Vertrauen der Öffentlichkeit.

Die Einheit von UT von Stadt zu Stadt und von Land zu Land, sein sich ausbreitendes Wachstum hatten der Öffentlichkeit viel Unbehagen und Kosten durch sich überschneidende Kosten, Transfers und Verwirrung erspart, und so ließ die Öffentlichkeit auf Anraten von Wirtschaftswissenschaftlern widerwillig zu, dass UT immer größer wurde. Es gab eine konservative Bewegung, die alle übergroßen Unternehmen in Staatseigentum überführen wollte, wie es in der letzten Generation der Trend gewesen war, aber die Wirtschaft boomte zu schnell, als dass die nötige Ordnung geboten wäre, und die Öffentlichkeit würde den Politikern zu Recht keine Geschäfte anvertrauen, die für sie zu verwirrend wären überwacht werden, und zog es vor, solche Unternehmen dem privaten Betrieb zu überlassen, wobei sie die Gefahr für den Gewinn eines effizienten und knappen Betriebs, der Dividenden und sinkender Kosten in Kauf nahm.

Aber all diese Vorteile reichten kaum aus, um UT Jahr für Jahr das Leben zu sichern. Es war zu groß geworden.

Ihre Direktoren hatten die Macht, jede Stadt und den Wohlstand ihrer Bewohner durch bloße kleine Änderungen der Schifffahrtsgebühren, die Entscheidung, eine Linie, einen Terminal oder eine Kreuzung zu errichten, zu verändern oder zu zerstören. Die Macht wurde indirekt in den Ehren und höheren Ämtern, der kostenlosen Unterhaltung und den großzügigen Privilegien anerkannt, die ihnen von jeder Handelskammer und jedem politischen Vertreter geboten wurden, und setzte sich diskret für eine leichte Wahlmöglichkeit ein, die eher einen Flughafen oder Raumhafen in ihrem Bezirk platzieren würde als ein anderer.

Vielleicht nutzten einige der Direktoren ihre Position zum persönlichen Vergnügen und Vorteil, aber Macht wurde genutzt, um die Wachstumsrichtung von Rassen und Nationen zu kontrollieren, Macht um ihrer selbst willen war das Spiel, das an diesem Tisch gespielt wurde und dessen Mitglieder das Spiel spielten Kontrollspiel gegeneinander und die Welt um hohe Einsätze und größere Kontrolle, die hinter ihren geheimnisvollen Gesichtern wer weiß was für größenwahnsinnige Träume von der Herrschaft hegen.

Dennoch nutzten sie ihre Kontrolle diskret, um dem Gemeinwohl zu dienen und das Wohlwollen der Öffentlichkeit zu wahren. Als es möglich war.

Wie immer saß Bryce Carter entspannt da, lächelte träge, sein Gesichtsausdruck änderte sich nicht von seinen Gedanken.

„Wer außer uns weiß davon?" fragte jemand.

Der Vorsitzende antwortete milde. „Es war ein Unternehmensstatistiker in der Werbeabteilung, der es bemerkte. Er suchte nach günstigen Zusammenhängen, glaube ich." Seine blassblauen Augen wanderten über ihre Gesichter und berührten im Vorübergehen ausdruckslos Bryce Carters Gesicht. „Ich habe darum gebeten, dass er es niemandem erzählt, bis ich Nachforschungen angestellt habe." Er fügte entschuldigend hinzu: „Engagements wegen Drogenabhängigkeit korrelieren auch."

Das waren schlimmere Neuigkeiten. „Betäubungsmittelfahnder sind keine Dummköpfe", sagte jemand nachdenklich.

N

Eiswanger , ein dünner, ordentlicher Mann am Kopfende des Tisches, presste die Fingerspitzen aneinander und runzelte leicht die Stirn. „Ich gehe also davon aus, dass unser Unternehmen als kriminelles Mittel für den groß angelegten Drogenschmuggel, den Transport von Kriminellen unter falscher Identifizierung und den Transport der aus ihren Diebstählen stammenden Waren zum Weiterverkauf missbraucht wird. Ist das richtig?" Neiswanger mochte es immer, wenn die Dinge ordentlich aufgelistet waren.

„Ich denke schon", sagte der Vorsitzende.

„Und Sie würden sagen, dass die verantwortliche Organisation in diesem Unternehmen angesiedelt ist?"

„Es scheint wahrscheinlich, ja."

Die Vorstandsmitglieder bewegten sich unruhig, als sie eine Flut sensationeller Schlagzeilen sahen, Ermittlungen, die sich auf ihr Privatleben ausweiteten, und sie selbst wiederholten im Schein der Fernsehlichter vor neugierigen Politikern aussagten, während die Kartellkommission der

Föderierten Nationen den UT-Riesen belebte mickrige, getrennte, streitende Zwerge.

Es war keine verlockende Aussicht.

„Wir müssen es natürlich stoppen", sagte ein schlanker, blonder Mann namens Stout. Man konnte sich darauf verlassen, dass er das Offensichtliche sagte und eine Diskussion auf den Punkt brachte. „Soweit ich weiß, haben wir eine gute Detektei. Wenn wir sie mit der Bezahlung für Schnelligkeit und Schweigen beauftragen …"

„Und wenn wir wissen, wer dafür verantwortlich ist", fragte Neiswanger , „ was machen wir *dann ?*"

Es herrschte Stille, als sie erneut zum Stillstand kamen. Die Auslieferung der Täter an die Polizei kam nicht in Frage, ein Eingeständnis, dass solche Verbrechen bereits geschehen waren und sich wiederholen könnten. Die Entlassung der wenigen entdeckten Personen konnte die unentdeckten und nicht entlassenen Personen nicht ausreichend beeindrucken, um sie von ihrer lukrativen Kriminalität abzuhalten.

„Stellen Sie ein paar Tötungen ein", sagte Herr Beldman schlicht und einfach.

Der Vorsitzende lachte. „Sie machen natürlich Witze, Herr Beldman ."

„Natürlich", sagte Herr Beldman und lachte bellend, da er sich der permanenten Filmaufzeichnung aller Treffen bewusst war. Aber er machte keine Witze. Niemand dort machte Witze.

Die Detektei und die angeheuerten Mörder würden dafür gesorgt.

Bryce Carter lehnte sich mit dem leicht zynischen Lächeln auf seinem schmalen Gesicht, das sein gewohnter Ausdruck war, zurück. „Angenommen, der Top-Mann steht hoch oben im Unternehmen?" schlug er leise vor. "Was dann?" Er musste nicht darauf hinweisen, dass das Verschwinden eines solchen Mannes ausreichen würde, um eine Untersuchung der Polizei und der Aktionäre gegen das Unternehmen selbst einzuleiten. Die Implikation war klar. Solch einen Mann konnte man nicht berühren.

„Ein Hypnotiseur", schlug Raal vor . „Jemand, der unseren Spitzenmann dazu bringt, auf die Spur zu kommen und seinen eigenen Schlamassel zu beseitigen."

„Illegal, gefährlich und schwierig, Mr. Raal ", sagte Irving säuerlich. „Jede Mittäterschaft bei der unbeaufsichtigten Anwendung von Hypnose oder hypnotischen Drogen wird äußerst streng bestraft, und ihre Anwendung gegen den Willen der Person ist ein schweres Verbrechen."

„Ein zirkulierender Betriebspsychologe wäre legal", schlug der schlanke blonde Mann vor, der Stout hieß.

„Wir haben bereits über fünfundsiebzig davon auf der Gehaltsliste des Unternehmens, und ich sehe keinen Sinn darin ..."

„Einer der besonders hochbezahlten Jungs, die Probleme in Gruppen ausbügeln, indem sie sich ihnen anschließen und eine Zeit lang mit ihnen arbeiten, wie der Conference Manager, den wir letztes Jahr bei uns hatten. Jedes Mitglied der Gruppe, das einen anstellt, muss eine Bewerbung unterschreiben." Behandlung und eine gesetzliche Freilassung. Sie sind sehr ruhig und geben nicht bekannt, was sie tun oder mit wem sie gesprochen haben, aber sie haben gute Ergebnisse vorzuweisen. Die Gruppen, die sie einstellen, berichten von besserer und einfacherer Arbeit. Wir könnten einen gebrauchen als Problemlöser.

„Sind sie eine besondere Organisation?" fragte jemand. „Ich glaube, ich habe von ihnen gehört."

„Ja, eine Art Gewerkschaft. Ich kann mich nicht an den Namen erinnern."

„Was würden Sie von ihnen erwarten?" fragte Irving.

„Ich habe gehört", sagte Stout vage, während sein Blick von Gesicht zu Gesicht wanderte, „dass sie eine besonders harte Technik für Unruhestifter bei schwierigen Fällen haben." Für diejenigen, die ihn kannten, war der vage Blick ein Schleier über einem Gedanken, der ihm gefiel. Vermutlich dachte er an das, was ihnen allen in den Sinn gekommen war.

Der Täter könnte ein Vorstandsmitglied sein. Plötzlich war unter ihnen ein fröhliches Interesse zu spüren, als sie sich fragten, wer das Ziel dieser „harten Behandlung" sei.

„Davon habe ich gehört", erinnerte sich Wan Lun . „Es wurde gesagt, dass sie nicht nur andere nicht über die Tatsache der Behandlung informieren, sondern häufig auch den behandelten Mann nicht informieren, sondern scheinbar nur ein neuer Freund sind, bis – puh." Er lächelte. „Ich glaube, der Gildenname ist Manoba . Die Manoba- Gruppe."

Stout sagte: „Sie werden wahrscheinlich genug für die Fertigkeit verlangen."

Wan sagte lächelnd: „Ich habe auch ein leeres Gerücht gehört, dass in einigen solchen Fällen die Zwietracht innerhalb einer Gruppe durch plötzlichen Selbstmord gemildert wurde. Vermutlich kann ein Psychologe ungeduldig werden und einen bestimmten Knopf im Kopf drücken ..."

„Klingt nach einer guten Idee", sagte Beldman . „Glauben Sie, wenn wir diesem Manoba das richtige Geld anbieten würden –"

„Das meinen Sie nicht so, Mister Beldman ", warf der Vorsitzende vorwurfsvoll ein. „Du machst schon wieder Witze."

„Wir sind alle große Witzbolde", sagte Beldman und lachte.

Alle lachten.

„Ich beantrage, dass wir einen Betrag für die Einstellung eines Psychologen aus Manoba beschließen ."

„Abgeordnet, wie wäre es mit fünfhunderttausend?"

„Ich kenne ihre Honorare nicht", wandte der Vorsitzende vorsichtig ein.

„Jeden Überschuss können Sie zurückzahlen. Wir werden wahrscheinlich um mehrere Größenordnungen mehr verlieren. Geben Sie es nach Ihrem Ermessen aus."

„Machen Sie siebenhunderttausend. Geben Sie ihm etwas mehr Platz."

„Ich bewege mich so."

„Abgeordnet."

„Nehmen Sie es zur Abstimmung mit."

Sie ließen ihre Hände unter die Tischkante vor ihren jeweiligen Sitzen gleiten, und jeder Mann fuhr mit seinen Fingern über zwei Knöpfe, die dort vor ihm verborgen waren, wählte zwischen dem *Ja-* und dem *Nein-* Knopf und drückte einen, wobei die Wahl seiner Finger für die anderen unsichtbar war.

Auf der kleinen geteilten Tafel vor dem Vorsitzenden leuchteten zwei Zahlen auf. Er blickte sie mit ausdruckslosem, mildem Gesicht an. „Mit einer Stimme abgelehnt."

Bei Vorstandsentscheidungen galt Einstimmigkeit, was einem Naturgesetz zufolge wahrscheinlich der Grund dafür war, dass die Zuneigung zwischen ihnen nicht verloren ging, aber dieses Mal wurde die Verärgerung durch Interesse gebremst. Sie saßen da und beobachteten einander mit Blicken, die beiläufig wirkten. Wem gehörte die einzige Stimme?

„Ich beantrage, dass die Abstimmung wiederholt und öffentlich gemacht wird", sagte jemand.

„Abgeordnet."

„Alle, die für die Mittelzuweisung für den Psychologen sind, heben die linke Hand", forderte der Vorsitzende.

Sie gehorchten und sahen sich an. Alle Hände waren oben.

„Bei der zweiten Abstimmung weitergeführt", sagte der Vorsitzende ohne offensichtliches Interesse. „Für meine eigene Neugier wird der Herr, der beim ersten Mal bei der geheimen Abstimmung mit Nein gestimmt hat, sich äußern und seine Einwände erläutern, und warum er seine Meinung bei der offenen Abstimmung geändert hat?"

Einen Moment herrschte Stille – Neiswanger blickte auf seine gepflegten Fingernägel, Bryce Carter rauchte und lächelte leicht, wie er immer lächelte, und Stout lehnte sich zurück und blickte lässig von einem Gesicht zum anderen. Beldman zündete sich eine Zigarre an und stieß mit einem zufriedenen Seufzer eine blaue Rauchwolke aus. Niemand sprach.

„Meine Herren", sagte der Vorsitzende. „Es ist durchaus wahrscheinlich, dass der Täter unter uns ist."

„Kümmere dich nicht um das Melodram, John." Irving klopfte ungeduldig auf den Tisch. „Das haben wir geklärt. Kommen wir zum nächsten Geschäft."

II

In der Ausgangslounge im fünften Stock blieb Bryce Carter einen Moment stehen und warf einen Blick auf sich selbst im Spiegel. Dicker Hals, dicker Körper – ein Körperbau, der so gleichmäßig und muskulös war, dass er fett aussah, bis er sich bewegte. Auf dem dicken Körper starrte ihn ein schmales Gesicht an, das ihm nicht gefiel. Es war dunkel gebräunt und hatte darunter fast schwarze Sommersprossen. Jahre waren vergangen, seit er im Weltraum gearbeitet hatte, aber die Weltraumbräune blieb unauslöschlich. Es war kein langweiliges oder hübsches Gesicht.

Während des Abendessens war er in eine Diskussion mit Mr. Wan vertieft und stellte zu seiner Überraschung ab und zu ein unbändiges Lächeln fest. Er hoffte, dass es herzlich ausgesehen hatte und nicht zu sehr nach einer Katze, die die Gesellschaft von Mäusen genießt.

Sie hatten keine Verteidigung gegen ihn. Die Drogenorganisation konnte nie auf ihn zurückgeführt werden. Der Zusammenhang war zu gut verborgen. Selbst die Organisation wusste nichts über ihn.

Der einzige Beweis, der den Zusammenhang herstellen konnte, war in seinem eigenen Kopf. Der einzige Zeuge gegen ihn war er selbst. Er ließ seine Gedanken noch einmal über das Treffen und das Abendessen schweifen, aber bis zum ersten Schock über die Ankündigung des Vorsitzenden hatte es keine Ausrutscher gegeben, und das war von niemandem bemerkt worden. Der Psychologe, den sie engagiert hatten, würde in einem Interview möglicherweise einen verräterischen

Gesichtsausdruck von ihm hören; viele gut ausgebildete Beobachter menschlicher Reaktionen könnten Ausdrücke so genau deuten, aber eine Befragung des gesamten Vorstands durch den Psychologen war unwahrscheinlich. Die Direktoren des Verwaltungsrats stiegen bereits in Züge und Stratoflugzeuge , um sich in die entlegensten Winkel der Erde zu zerstreuen. Es würde viele Tage dauern, bis ein untersuchender Psychologe folgen würde, um jeden einzelnen zu befragen. Er und Irving würden an letzter Stelle auf der Liste stehen, denn er ging nach Moonbase City und Irving nach Luna City.

Er hatte Wochen.

Er lächelte, befestigte Bänder an seinen Manschetten, die sie eng um seine Handgelenke legten, zog den Reißverschluss seines Anzugs zu und streifte Handschuhe über. Er sah sich wieder an. Während er zuvor einen konservativen Geschäftsanzug aus dunkler Seide mit kurzem Umhang getragen hatte, schien er jetzt einen maßgeschneiderten Skianzug mit einer seltsamen Kapuze zu tragen oder einen Druckanzug ohne Stiefel oder Helm, was es auch war. Würde man den Reißverschluss weiter nach oben ziehen, wäre der Umhang zu einer luftdichten Helmblase geworden.

Mitarbeiter und Führungskräfte, die das UT-Gebäude betraten und verließen, warfen den Kleidungsstücken im Vorbeigehen einen anerkennenden und interessierten Blick zu. Die Rechtfertigung durch den Nutzen lag auf der Hand. Es hatte Geld gekostet, einen Druckanzug zu bauen, der leicht und flexibel genug war, um bequem getragen zu werden, aber schon vor langer Zeit ärgerte ihn das ständige An- und Ausziehen der Kleidung, jedes Mal, wenn man durch eine Raumschleuse ging, während Umhänge und Kapuzen das schon waren Im Winter ist es erforderlich, den Erdbau in jeder gemäßigten Zone zu verlassen.

Ein Druckanzug war völlig wetterunabhängig und regulierte seine innere Wärme selbst. Seitdem der Anzug entworfen worden war, erhielt der Hersteller immer mehr Bestellungen für Duplikate und begann nun mit der Massenproduktion. Wahrscheinlich hatte er in diesen fünf Minuten gerade viele weitere Verkäufe für den Hersteller getätigt.

Er hat einen Stil vorgegeben, dachte er erfreut und überrascht, als er das Gebäude verließ. Der salzige Wind traf ihn mit einem Kältestoß, und die automatische Thermostatverkabelung im Anzug konterte mit einer Wärmewelle, als er sich in den Wind lehnte und zu gehen begann. Die Verbindung zwischen dem Union Hotel und dem Gebäude, das er gerade verlassen hatte, war ein gewölbter Bürgersteig, der sich zwischen ihnen schlängelte, fünf Stockwerke über dem Sand und der Brandung.

Das Hotel war ein beeindruckend hoch aufragendes Gebäude vor dem zerklüfteten Himmel, und als er ging, brach ein Lichtschein aus dem verborgenen Sonnenuntergang hervor und beleuchtete ihn und die tief dahinziehenden Wolken in einem plötzlich leuchtenden Rot. Er blieb stehen und lehnte sich gegen die Balustrade, um die roten Lichter zu beobachten, die sich in der Bucht spiegelten. Rote und violette Wolken flohen tief über ihnen vorbei und veränderten ihre Farben, während sie sich bewegten. Das war etwas, was ein Mensch weder im Weltraum noch auf dem Mond sehen konnte.

Aber nach einem Moment konnte er es nicht mehr richtig genießen, weil er beobachtet wurde. Das Gefühl war beunruhigend.

Verdammte Dummköpfe, dachte er und drehte sich gereizt um, halb in der Hoffnung, dass es wenigstens eine Bekannte oder ein paar hübsche Mädchen sein würden.

Aber niemand beobachtete ihn.

Ein paar Fußgänger liefen eilig vorbei, denn es wurde dunkel und die Aussicht, die sie hier genossen hatten, verblasste. Der Wind wickelte ihre Umhänge um sie und ließ sie alle ungewöhnlich groß und säulenförmig aussehen.

Es war dunkler. Plötzlich gingen die Lichter des Bürgersteigs in einer Flut bernsteinfarbenen Lichts an, das die Dämmerung außerhalb ihres Kreises zu einem undurchsichtigen violetten Vorhang aus Dunkelheit verdichtete.

Er bemerkte einen Fußgänger, der aus der Richtung, aus der er gekommen war, langsam auf ihn zukam. Die Gestalt näherte sich langsamer, als es natürlich schien, mit gesenktem Kopf und den Händen in den Taschen, als wäre sie in Gedanken versunken.

Ein Trailer von der Detektei? Dafür war es zu früh. Auch wenn es möglich gewesen wäre, dass jedes Vorstandsmitglied zurückgezogen werden würde, hätte es nicht so schnell arrangiert und begonnen werden können.

Außerdem lag in der Gleichgültigkeit des wandelnden Mannes etwas Tödlicheres.

Ein von Beldman arrangierter Mörder ? Es wäre für Beldman oder Stout selbstverständlich, das Risiko einzugehen und sich auf direktem Weg zur Wehr zu setzen. Aber es gab keine Beweise. Wie konnte einer von ihnen entscheiden, wem er die Schuld gab oder wen er bekämpfte?

Die wenigen riesigen Gebäude, die sich dunkel vom Nachthimmel abhoben, wurden jetzt durch Lichter in Hunderten von Fenstern erhellt. In langen, schlanken Spannweiten zwischen ihnen erstreckten sich die Luftwege und die Halsketten aus bernsteinfarbenen Lichtern, die sie umrahmten. Der Wind wehte kälter über die Wege und die Aussicht auf Meer und Himmel, die man von ihnen aus gesehen hatte, wurde jetzt von der Nacht verdunkelt. Die Wanderer gingen hinein. Es bestand kaum eine Chance, in der Menschenmenge Schutz zu finden oder auch nur einen oder zwei Wanderer zwischen sich und demjenigen zu halten, der ihm folgte.

Beim ersten Anblick der sich nähernden Gestalt hatte er sich instinktiv gegen das Betongeländer gelehnt, seine Waffe aus dem Taschenhalfter genommen und sie leicht in seiner behandschuhten Hand gehalten.

Ein älteres Paar und eine kräftige Frau mittleren Alters, die in die entgegengesetzte Richtung eilten, warfen ihm ohne Interesse oder Beunruhigung einen Blick zu. Seine Pose war nicht bedrohlich, und außerdem trugen die meisten Männer, die über genug Geld zum Reisen verfügten, Handwaffen.

Dies war eine indirekte Auswirkung einer Entscheidung der Föderierten Nationen, wonach als Bewaffnung von Nationen nur Handwaffen einer regulierten Tödlichkeit hergestellt werden dürfen. Das Urteil war sorgfältig auf andere sekundäre Auswirkungen geprüft worden, denn jede Nation, die überzentralisiert und militaristisch wird, würde wahrscheinlich ihre Bürger allgemein für eine zahlenmäßig größere militärische Macht ausrüsten und dann unter den natürlichen Konsequenzen leiden, die sich aus der Aufrüstung ihrer öffentlichen Meinung ergeben.

Ein bewaffneter Mann muss nicht stimmen, um gezählt zu werden, und nachdem er diese Lektion gelernt hatte, machte das Gefühl, dass ein bewaffneter Mann seine Bill of Rights in der Tasche trug, dies zur ersten Klausel der geschriebenen und ungeschriebenen Verfassungen vieler plötzlich demokratischer Nationen. „Das Recht der Freibauern, Waffen zu tragen, darf nicht eingeschränkt werden." Sie behielten ihre Waffen.

Und da bei hitzigen Gemütern die Waffen sofort zur Verfügung standen, wurde das Duellieren an den meisten Orten wieder zur Gewohnheit.

All dies hatte kaum Auswirkungen auf die großen, ruhigen Industrieländer, die die UN geleitet hatten und jetzt die FN leiteten, aber es machte ihnen die Entscheidung leicht, dass die Bürger, die sich dorthin begeben, bewaffnet sein müssen, um sich zu schützen, da im Weltraum Polizeiarbeit nahezu unmöglich ist . Trotz des anhaltenden Aufschreis einer Minderheit christlicher Moralisten wurde nun eine Holstertasche in alle Raumanzüge eingebaut.

Bryce war in einem Hungersnotland aufgewachsen, einer Gegend, in der es kaum Kontrolle gab, und Waffen waren seinen Händen seit seinem zwölften Lebensjahr so vertraut wie Finger . Und als er als Stahlarbeiter einer der ersten Siedler in den Gießereistädten des Asteroidengürtels gewesen war, hatte er dort kein sanfteres Leben erlebt. Aber für ihn war alles in Ordnung. Er hatte von sichereren und langweiligeren Lebensweisen gehört, hatte sich diese aber nie gewünscht. Das Leben als Transportmanager auf dem Mond war eine kurze Zeit der Gewaltlosigkeit gewesen, fünf Jahre verblüffender Ruhe, an die er sich noch nicht gewöhnt hatte.

Die Waffe passte so bequem in seine Hand wie sein Daumen oder wie der Händedruck eines alten und vertrauten Freundes, aber hier war sie nutzlos. Widerwillig steckte er es wieder in die Tasche und begann weiter zu gehen. Ein Direktor von UT könnte Leute nicht aufgrund seiner Intuition erschießen.

Er hatte kaum bis zehn gezählt, und als er sich umdrehte, war immer noch Abstand zwischen ihnen, aber der Verfolger könnte jetzt schneller gehen und den Abstand zwischen ihnen verringern.

Wenn er gewartet und geschossen hätte, hätte eine Inspektion der Taschen des Mannes sein Urteil durch den Fund einer illegalen Nadelpistole eines Attentäters bestätigen können. Das allein könnte ausreichen, um die Polizei zufriedenzustellen, wenn er immer noch nur ein Raumarbeiter wäre , aber ein Direktor von UT könnte nicht so locker leben. Es wäre schwierig, der Polizei seine Gewissheit zu erklären, und noch schwieriger, es den Zeitungen zu erklären. Er konnte sich diese Art von Publicity nicht leisten.

Bryce stieß einen leisen Fluch aus und beschleunigte seine Schritte.

Er musste auf Beweise für die Absichten des Anhängers warten. Und der einzige Beweis wäre, angegriffen zu werden, und der erste Beweis dafür, da Nadelpistolen lautlos und unauffällig sind, wäre wahrscheinlich eine mit Curare geladene Nadel in seinem Rücken.

Danach konnte der Anhänger seine Waffe unauffällig über die Balustrade fallen lassen, deren Selbstzerstörungsmechanismus sie zum Schmelzen brachte, bevor sie den Sand tief darunter erreichte.

jedoch sicherlich nicht offen hinterherlaufen würde, sei es am logischsten, so entschied Bryce, zum Hotel zu rennen, als ob er es eilig hätte. Die Idee irritierte ihn.

Er ging weiter und wurde perverserweise langsamer. Es war irrational zu gehen, und er wusste es, aber er ging, und das Wissen, dass es irrational war, irritierte ihn noch mehr. Die Haut zwischen seinen Schulterblättern juckte nachdenklich in der fantasievollen Erwartung einer eindringenden Nadel. Was nützte es ihm, stolz auf sein Gehirn zu sein, wenn er sich in eine Situation begab, in der er wie eine Zielscheibe herumlief?

Er unterdrückte seine wachsende Wut, ging aber weiter.

Der Himmel war jetzt völlig dunkel und vor ihm befanden sich nur noch zwei oder drei Paare auf der schmalen Betonbrücke und ein altes Paar, an dem er gerade vorbeigekommen war, sodass sie sich zwischen ihm und dem Verfolger befanden. Aber das war kein ausreichender Bildschirm.

Weit oben schwebten die Himmelstaxis. Und jetzt wollte er ein Taxi. Er näherte sich einem Ort, an dem es einen Imbissstand gab. Direkt vor uns, auf halber Strecke, wo die Aufwärtskurve des Bürgersteigs abflachte und nach unten abzufallen begann, ragte ein schmaler Laufsteg ins Freie, an dessen Ende sich eine kleine Landeplattform befand. „TAXI", ein leuchtender Pfeil, leuchtete ihm direkt entgegen , als er sich ihm näherte.

Er lief schnell über den mit einem Geländer versehenen Laufsteg hinaus und stellte ein perfektes Ziel dar, das er kannte und dessen Silhouette sich vor dem Schein abzeichnete. Er fluchte leise und erreichte das Ende. Hier war er ein noch perfekteres Ziel, denn das einzige helle Licht, das die Bank und die Landeplattform in strahlendem Glanz ergoss, beleuchtete ihn in der Dunkelheit der Nacht. Die Bank bestand aus einem dünnen Eisengitter. Es bot keinen Schutz.

Er brauchte Deckung. Er betrachtete den weißen Betonpfeiler der Lampe, legte seine Hand auf das Geländer und sprang auf, um sich lässig auf das Geländer zu setzen, 150 Fuß hinter ihm und die Breite des Laternenpfahls zwischen ihm und dem Anhänger, der jetzt war eine reglose Gestalt, die am Geländer des Bürgersteigs lehnte, nahe der Stelle, an der der Laufsteg begann.

Der Anblick der unverschämt herumlungernden Gestalt trug nicht dazu bei, seine Verärgerung zu lindern. Diese Flucht war nicht die Art und Weise, wie er mit einer Bedrohung umgehen wollte. Das Warten des Mannes war seltsam. Die Reichweite war schlecht, und er schoss wahrscheinlich nicht, obwohl er auf jeden Fall so aussehen würde, als wäre er es nicht, aber wenn er diese Chance nicht für seinen Mordversuch nutzen wollte, warum stellte er sich dann offen zur Schau und erregte Misstrauen? zukünftige Chancen abschneiden? Ein unschuldiger Kinderwagen oder auch nur ein Anhänger der Detektei wäre weitergeschlendert.

Oben war das herannahende Dröhnen eines Taxis zu hören, das ihn im hellen Lichtkegel am Verkaufsstand entdeckt hatte.

Es lag etwas in dem unbekümmerten Vertrauen in das offene Interesse des Anhängers an ihm, das seine Nackenhaare sträubte, wie es keine direkte Bedrohung hätte tun können, und das Grollen der nachtverborgenen Brandung mit obskurer Bedrohung erfüllte. Der Mann tat so, als ob sein Job beendet und erledigt wäre.

Bryce erreichte die Antwort, als das Taxi auf zischenden Rotorblättern nach unten schwebte und auf dem Bahnsteig landete. Er rutschte vom Geländer herunter und ging mit steifen Beinen darauf zu. Drinnen war das Licht aus, und der Taxifahrer stieg nicht aus und versuchte auch nicht, ihm die Tür zu öffnen. Bryce drehte den Kopf und schaute zurück, als wollte er einen letzten Blick auf die beobachtende Gestalt werfen, wobei er mit der rechten Hand die Türklinke ergriff, als würde er blind herumfummeln. Er war Linkshänder . Als die Tür einen Spalt weit geöffnet war, hörte sie auf, sich zu öffnen, und diejenigen, die drinnen waren, sahen die Mündung eines Magnamatikers in seiner linken Hand, der durch den Spalt auf sie blickte.

„Es ist einfacher, Wölfe zu fangen, wenn man als Kaninchen verkleidet ist“, hatte Pop Yak ihm einmal gesagt. Er muss wie ein völliger Idiot ausgesehen haben, als er begann, mit nach hinten gedrehtem Kopf in ein dunkles Taxi zu klettern!

„Beweg dich nicht", sagte Bryce und ein Teil seiner Wut drang in beißender Stimme in seine Stimme. Drinnen war der Fahrer wie erstarrt, den Kopf so weit gedreht, dass er das Glitzern einer Schnauze hinter seinem Hals sehen konnte, und in der dunklen hinteren Ecke des Rücksitzes, wo niemand hätte sein sollen, war der blasse Fleck eines Gesichts und eines … zu sehen Hand, die etwas hält. Bryce wusste, dass ein Schuss ihn nur durch die abschirmende Stahltür oder das bruchsichere Fenster erreichen konnte, und ein Mann würde zögern, bevor er durch Glas schoss, wenn er in Bryces Waffe blickte. Bryce wartete darauf, dass er darüber nachdachte.

Die Hand des Mannes auf dem Rücksitz wurde scharf, als sich seine Augen an die Dunkelheit im Inneren gewöhnten, und er konnte erkennen, dass sie eine Waffe hielt. Die Waffe zielte auf nichts Bestimmtes. Es war mitten in der Bewegung eingefroren. Der Mann hatte ein halbes Lächeln auf dem Gesicht, wahrscheinlich in der Art, wie er gelächelt hatte, kurz bevor Bryce sprach.

„Öffne deine Hand. Lass sie fallen." Das Glitzern der Waffe verschwand und vom Boden erklang ein schwacher Aufprall. Bryce öffnete die Tür und rutschte auf den Rücksitz, wachte auf Bewegungen und war bereit zu schießen. „Mit dem Gesicht nach vorne!" Sie blickten nach vorne wie zwei Marionetten, vielleicht war das unkontrollierbare Krächzen in seiner Stimme überzeugend. Er wusste immer noch nicht, wessen Männer sie waren oder warum sie angeheuert worden waren. Es hätte keinen Sinn, sie zu befragen, denn sie würden es auch nicht wissen. Er konnte erraten, wer es war, ein Name fiel ihm ein, aber es gab keine Möglichkeit, es nachzuprüfen. Diese Art von Geschäft passte nicht gut zu der entscheidenden Bilanz seiner Pläne für die nächsten zwei Wochen. „Sei vorsichtig", sagte er vielleicht unnötig, „ich bin nervös. Union Hotel bitte."

Die kurze Fahrt zum Hotel verlief in absoluter Stille, und der Mann in der gegenüberliegenden Ecke bewegte sich kaum genug, um mit den Augen zu blinzeln. Er war mittleren Alters und die resignierten, schlaffen Falten in seinem ehrgeizigen Gesicht waren enttäuscht, aber er saß mit einer abwartenden Stille da, die Bryce als etwas erkannte, das man im Auge behalten sollte. Wahrscheinlich befand sich in unmittelbarer Reichweite dieser passiven rechten Hand eine weitere Waffe.

Der Roter schwebte zu einem Landeplatz auf dem beleuchteten Landedach des Hotels und landete mit einem leichten Stoß. „Beweg dich nicht." Die ungeschickte und vorsichtige Aufgabe, mit der rechten Hand die Tür nach hinten zu öffnen und hinauszurutschen, ohne den Blick von einem von ihnen abzuwenden, war ermüdend langsam.

Als er draußen war, schlug er energisch die Tür zu. "Abheben." Erst als die roten und grünen Lichter in der Ferne verschwunden waren , wandte er sich ab, steckte seine Waffe ein und betrat die breite Tür zu den Aufzügen. Als er an dem Hoteldetektiv vorbeiging, der in der Tür stand, steckte der Detektiv gerade einen großen Polizeischnuller zurück . Anscheinend war er bereit gewesen, alle Beteiligten beim ersten Anzeichen von Ärger unvoreingenommen zu betäuben, was wahrscheinlich erklärte, warum die Passagiere im Lufttaxi keine Vergeltungsversuche unternommen hatten. Der Detektiv warf Bryce im Vorbeigehen einen kalten Blick zu, wahrscheinlich aus Missbilligung der Gäste, die auf dem Hotelgelände Waffen schwenkten.

III

In seinem luxuriösen Hotelzimmer schaute Bryce auf die Uhr. Acht Uhr. Für einige Zeit in der halben Stunde war ein Telefonat geplant. Er stellte die Frage, wer hinter dem nächtlichen Anschlag steckte, und griff zum Telefonhörer. Das Wählsystem stand automatisch in Kontakt mit jeder Stadt der Welt. Er wählte.

Irgendwo in einer Stadt klingelte ein Telefon. Es ertönte ungehört, denn es war in einem Safe in einem winzigen gemieteten Büro eingeschlossen und mit einigen ungewöhnlichen Mechanismen ausgestattet. Das Klingeln wurde abrupt gestoppt und eine aufgezeichnete Stimme antwortete: „Ja?"

Bryce nahm ein Telefon mit Wählscheibe vom Nachttisch, wo es unschuldig gestanden hatte wie ein Spielzeug, das er für ein Kind gekauft hatte. „Hallo Al", sagte er fröhlich zu dem automatischen Mechanismus am anderen Ende. „Hören Sie, ich glaube, ich habe einen neuen Ausdruck für dieses Übergangsthema. Wie ist das?" Er legte den Hörer an die Rückseite des Spielzeugs und drückte auf die Wählscheibe des Spielzeugs. Es reagierte auf jeden Buchstaben und jede Zahl mit einem klingenden Ton unterschiedlicher Tonhöhe, der eine kurze, unmelodische Melodie spielte.

Die Tonnoten gingen über die Leitung und gelangten in den Mechanismus, wo sie die darin enthaltenen Kontakte herstellten, die die Nummer wählten, die er auf dem Spielzeugtelefon gewählt hatte.

"Wie ist das?" sagte Bryce fröhlich.

Die aufgezeichnete Stimme sagte: „Klingt gut. Ich werde sehen, was ich damit machen kann." Irgendwo in der Ferne und unhörbar begann ein anderes Telefon zu klingeln. „Willst du mit George sprechen?"

"Sicher."

In einer Kassenzelle irgendwo in einem großen Stadtbahnhof klingelte ein Telefon, und jemand, der an einem Zeitschriftenstand blätterte oder auf einem Koffer saß und offenbar auf einen Zug wartete, schlenderte lässig umher, um den Anruf entgegenzunehmen.

"Hallo?" sagte eine unverbindliche Stimme, bereit zu behaupten, dass er lediglich ein Fremder war, der ans Telefon ging, weil es in der Öffentlichkeit klingelte.

„Hallo George, wie geht es dir?" fragte Bryce. Diese Worte waren sein Markenzeichen, die Passwörter, die ihn für alle als die Stimme identifizierten, die Tipps gab. In der Monsterorganisation, die aus der erwiesenen Zuverlässigkeit dieser Tipps entstanden war, war die Stimme als „Hallo George" bekannt. Die Tipps von Hello George waren immer gut, deshalb befolgte man sie genauso blind wie die Tipps Gottes, auch wenn man sie nicht verstand. Gewissheit war etwas, was den Männern in der Fecht- und Drogenschmuggelbranche am meisten fehlte.

Sie kommunizierten nur telefonisch. Sie übermittelten ihre Waren, indem sie sie in öffentlichen Schließfächern hinterließen und den Schlüssel per Post verschickten. Sie sahen nie die Gesichter des anderen oder hörten den Namen des anderen, aber selbst die Verwendung eines Schlüssels könnte eine Falle sein, die einen Kreis von Drogenfahndern des INC um den Unglücklichen scharte, der versuchte, das Schließfach zu öffnen.

Weit entfernt über der Erdwölbung dazwischen saß ein Mann in einer Telefonzelle und wartete auf sein Trinkgeld. „Ganz gut. Keine Beschwerden. Wie geht es dir, gibt es Neuigkeiten?"

„Ich denke, Sie sollten besser die Verbindungen zu Union Transport abbrechen. Sie werden ziemlich schlampig. Ich denke, sie könnten etwas verschütten."

„ Sag Wadja ?" fragte den Mann am anderen Ende vorsichtig: „Ich habe dich nicht verstanden."

„Benutzen Sie UT besser nicht mehr für den Versand", wiederholte Bryce und formulierte seinen Satz sorgfältig. „Sie sind nicht mehr vorsichtig genug. Sie wollen doch nicht, dass sie einen Inc- Fall weit aufbrechen, oder?" INC war die internationale Suchtstoffkontrollbehörde der FN. Aber für jeden zufälligen Zuhörer am Telefon hätte das Gespräch wie eine unschuldige Diskussion über Transportschwierigkeiten geklungen.

Die flachen Töne waren klagend und gekränkt. „Aber wir erwarten am Freitag jede Menge Zeug. Unsere Käufer erwarten es." Das Zeug war eine Droge, und „Erwarten" war ein mildes Wort für die Bedürfnisse von Drogenabhängigen! „Und wir haben eine Menge verschiedener Dinge zum Mitnehmen." Der Kontaktmann war ein kleiner Mann in der Organisation, aber er wusste offensichtlich, wie „heiß" eingezäunte Waren sein können. „Das kann nicht warten!"

Er hatte das geplant. „Vielleicht sind sie für die Lieferungen diese Woche in Ordnung. Ich werde sie durchkauen, um vorsichtig zu sein, sie überprüfen und am Freitag zurückrufen. Machen Sie in der Zwischenzeit Schluss mit ihnen."

„Erzähl ihnen ein paar Dinge von mir, die-", fügte die entfernte Stimme eine überraschende Reihe abfälliger Adjektive hinzu. „Freitag wann?"

„Freitag ungefähr – ungefähr sechs." Das doppelte „Über" bestätigte das für alle Kontaktnummern allgemeine Signal für einen Telefontermin.

„Freitag gegen sechs, okay." Es gab ein leises Klicken, das bedeutete, dass er aufgelegt hatte und das Telefon im Safe für weitere Anrufe auf seinem Spielzeugzifferblatt geöffnet war.

Bryce legte auf, lehnte sich auf seinem Bett zurück und drückte einen Knopf, der das Radio auf ein halbklassisches Programm einschaltete. Beruhigende Musik drang in den Raum und langsame Wellen farbigen Lichts bewegten sich über die Decke. Er schaltete einen Buchspieler ein und wählte aus der aktuellen Verkäuferliste, die an der Decke hing, eine umfangreiche Wirtschaftsstudie aus. Der Start des täglichen Mondschiffs war für halb sechs geplant, was bei der Position des Mondes in dieser Woche optimal war. Morgen Abend um diese Zeit würden er und alle anderen Vorstandsmitglieder für jede einfache Beobachtung oder Analyse durch ihren angeheuerten psychologischen Gedankenjäger außer Reichweite sein.

Mit einem leichten Gänsehautmoment erinnerte er sich an die Cop-Psychos, vor denen ihn die Banden in seiner turbulenten und verzweifelten Kindheit gewarnt hatten, und daran , was sie einem antun sollten, wenn sie einen bei einem dritten Vergehen erwischten.

Er war in einem ehemals europäischen Viertel einer chinesischen Stadt geboren, ein Nachkomme von etwas Stolzem und Vergessenem namens „Empire Builder", und wuchs mit den gemischten Banden von Kindern aller Hautfarben auf, die nachts durch die Seitenstraßen streiften, plünderten und stahlen brechen. Bevölkerungskontrolle war nahezu unmöglich in einem Land, in dem Söhne die einzige soziale Sicherheit gegen Hungersnot im Alter waren, und soziale Sicherheit war unmöglich in einem Land, das durch die Verzweiflung von Hungersnöten so korrumpiert war und so wenig in der Lage war, die notwendigen Steuern zu ersparen. Die Nation war zu groß, um von außen ernährt zu werden, und so wurde sie vom FN ihrem eigenen Elend überlassen, bis ihre Bevölkerung ihr Grundproblem gelöst hatte.

In einer aufgeklärten, sauberen und wohlhabenden Welt war Bryce Carter also in einem Slum aufgewachsen, dessen wimmelnde Bösartigkeit eine Frage von Nehmen, Stehlen, Töten, Klettern oder Sterben war. Vielleicht musste der polizeiliche Strafzwang unter diesen besonderen Umständen brutal stark sein, stärker als der Drang nach Leben selbst, so brutal wie die grellen Geschichten, die er gehört hatte. Vielleicht waren die Methoden in anderen Ländern anders, ein hypnokonvertierter Mann war für seine Freunde kein Schrecken, aber er hatte keine Zeit gehabt, zu studieren und zu untersuchen, ob es so wäre, und der Schrecken und der Hass blieben bestehen.

Aber es bestand kein Grund, an den Psychojäger zu denken, für den ihn der Vorstand eingesetzt hatte, bis der Jäger ihn erreichen konnte, wäre UT als juristische Person untergegangen, seine Korruption wäre vollständig öffentlich und der Psychologe wäre abberufen worden bevor man etwas entdeckt. Bryce dachte an die leichte Nervosität, die er bei den ersten Worten der Ankündigung des Vorsitzenden gezeigt hatte. Der einzige Zeuge gegen ihn war er selbst. Seine Kontrolle war nicht perfekt. Niemand war. Aber er war in Sicherheit.

Er konzentrierte sich auf die ersten Seiten der Grundprinzipien der Wirtschaftswissenschaften.

In dem dunklen UT- Gebäude , das man von seinem Fenster aus sehen konnte, brannten noch ein paar Lichter dort, wo die Nachtschicht für Notfälle zuständig war.

In einem kleinen Vorführraum im fünfundfünfzigsten Stock saß ein Mann und schaute sich einen Film der UT-Vorstandssitzung an diesem Tag an. Er spielte nur ein bestimmtes kurzes Intervall von zwanzig Minuten und lauschte aufmerksam den Stimmen: „Meine Herren, bitte um Ihre Aufmerksamkeit." Er beobachtete die Gesichter: „Weiß die Polizei davon?" …" „Glauben Sie, wenn wir diesem Manoba das richtige Geld anbieten würden …" „Wird der Herr, der bei der geheimen Abstimmung beim ersten Mal mit Nein gestimmt hat, sich zu Wort melden und erklären …" „Das ist durchaus wahrscheinlich dass der Verschwörer unter uns ist. Auf dem Bildschirm waren die scheinbar gelangweilten Gesichter und entspannten Posen von Männern zu sehen, die an Machtspiele gewöhnt waren und ihre Gefühle gewohnheitsmäßig voreinander verbargen, manchmal leicht ihre Position veränderten, manche rauchten. „Das haben wir geklärt, kommen wir zum nächsten Geschäft."

Der Betrachter stoppte den Film und setzte ihn stillschweigend zurück. Es begann wieder damit, dass der Vorsitzende auf dem Bildschirm leicht auf den Tisch klopfte. „Meine Herren, Ihre Aufmerksamkeit…"

Im abgedunkelten Vorführraum saß der Vorsitzende rauchend und nachdenkend abseits, während der Psychologe den Film zum vierten Mal durchspielte.

Beldmans Vorschläge nahm , was er mit dem Täter tun sollte und ob er sein Honorar erhöhen würde.

<hr>

Das Telefon hat geklingelt.

„Halb vier, Mr. Carter", sagte die Stimme des Nachtportiers im Hörer.

Es war Zeit, das Mondschiff um halb sechs zu erreichen. Er spritzte sich kaltes Wasser ins Gesicht und in den Nacken, bis er wach war, duschte heiß, zog sich schnell an und gab um 16:45 Uhr seinen Schlüssel am Schreibtisch ab.

„Ein Brief für Sie, Mister Carter", lächelte sie und reichte ihn ihm. Aus den Wandlautsprechern begann eine sanfte, aber durchdringende Stimme zu wiederholen: „Buslinie zum Raumhafen fährt in zwölf Minuten ab. Alle Passagiere für Luna City, Mondbasis, Asteroidengürtel und Punkte, bitte gehen Sie zum Landedeck. Buslinie zum Raumhafen fährt in ab." zwölf Minuten –"

Morris- Sessel im Airbus niedergelassen hatte . Auf dem Briefkopf stand MANOBA Group Psychotherapeutic Research and Conference Management.

Ein Blatt davon war ein halbseitiger Vertrag in Kleingedrucktem, offenbar ein Standardformular, in dessen entsprechende Lücken der Name der Union Transport Corporation getippt war. Oben war es in klarem Englisch und in Großschrift abgedruckt, um denjenigen Lesern zu helfen, die mit Verträgen nicht vertraut sind. „WARNUNG. Nachdem Sie diese Erklärung unterschrieben haben, haben Sie als Einzelperson keinen Rechtsweg oder Anspruch auf etwaige körperliche oder geistige Verletzungen oder Unannehmlichkeiten, die Sie möglicherweise als Folge der Aktivitäten des/der beauftragten Psychotherapeuten im Laufe der Zeit erlitten haben Gruppentherapie. Ihre Gruppe ist der verantwortliche Vermittler. Sie muss alle Ansprüche und Beschwerden als Einheit geltend machen und kann als Einheit vom Vertrag zurücktreten. Wer aus der Gruppe austritt, tritt von der Vertragsteilnahme zurück."

Bryce lächelte. Oder anders ausgedrückt: Wenn es Ihnen nicht gefiel, könnten Sie Ihren Job kündigen und rausgehen!

Das andere Blatt warf er beiläufig einen Blick zu. Es schien sich um eine erklärende Seite zu handeln, die besagte, dass die Arbeit der Manoba streng vertraulich war und sie nicht verpflichtet waren, einem Mitglied des Unternehmens, das sie eingestellt hatte, zu erklären, was sie getan hatten oder taten, oder ihre Identität preiszugeben. Es gab nichts, was einem Verkaufsgespräch über Ergebnisse ähnelte, und das einzige, was sich dem näherte, war ein steifer letzter Satz, der jeden, der neugierig auf die Ergebnisse einer solchen Behandlung war, auf die National Certified Analytical Statistics of Professional Standing in diesen und jenen Bulletins von diesem und jenem verwies Jahre.

Lächelnd unterschrieb er den Vertrag und schickte ihn an ein praktisches Post- und Telegrafenfenster am Raumhafen, bevor er das Raumschiff bestieg.

Das Telefon klingelte.

Bryce drehte sich schläfrig herum und hob es auf. „Acht AMLSSS, Sir", sagte die sanfte Stimme des Rezeptionisten.

„Okay", grunzte er, warf einen Blick auf seine Uhr und legte auf. Es war zwei Minuten nach acht, aber er überprüfte sie nicht. Wenn er die Stimme richtig platzierte, gehörte sie einer außergewöhnlich hübschen Brünetten. Er hatte noch nicht versucht, mit ihr auszugehen, aber sie wirkte zugänglich, und Mona wurde langsam langweilig.

Er drehte den Regler am Kopfteil, der die Polarisierung des Fensters umkehrte, erhob sich widerstrebend und streckte sich, während das Sonnenlicht den Raum durchflutete. Es war Tageslicht auf Moonbase City. Seit einer Woche war es hell, und es würde auch noch eine Woche lang hell sein.

Durch den weichmachenden Filter des luftdichten Glases erstrahlte der Blick auf die fernen Kraterwände und die luftdichten Türme der Mondbasisstadt in geätzter Pracht, aber er warf nur einen flüchtigen Blick darauf. Es war immer das Gleiche. Auf dem Mond gab es kein Wetter und keine vielfältigen Aussichten.

„Guten Morgen", lächelte er, als er an einem Pagen in den luxuriösen, tieffarbenen Fluren vorbeikam.

„Guten Morgen, Mister Carter", antwortete der Junge schnell mit einem eifrigen, nervösen Lächeln.

Bryce hatte das Management wegen mehrerer kleiner Fehler scharf eingeholt, und jetzt kannten ihn alle. Er schritt zufrieden weiter. Effizienz... Niemand warf ihm einen zweiten Blick zu oder bemerkte ihn in den U-Bahnen, aber es störte ihn nicht. Eines Tages würden sie es tun. Eines Tages würde die ganze Welt sein Gesicht so gut kennen wie sie selbst. Das versprach er ihnen im Stillen und konzentrierte sich dann auf eine konstruktive Planung, bevor er das Büro erreichte. Er würde nicht wie die anderen seine Zeit damit verschwenden, Werbung anzustarren oder Musik zu hören.

„Herr Carter?" sagte eine zögernde Stimme hinter ihm, als er nach der Klinke der Bürotüren griff.

"Was ist es?" fragte er knapp und drehte sich um, aber als er sah, wer gesprochen hatte , wusste er genau, was es sein würde.

„Entschuldigen Sie, Herr Carter, aber –" Es war ein Raumfahrer, ein dürres Wrack eines Mannes in Kleidern, die an ihm hingen. Ein Junkie, ein Drogenabhängiger. Bryce kannte die Zeichen. Er hatte sein ganzes Geld ausgegeben und auf Nahrung für seine Droge verzichtet, und jetzt erinnerte er sich aus dem Belt-Talk daran, dass Bryce Carter ein sanftes Gespür für einen Kredit hatte. „Macht nichts", knurrte Bryce und griff erneut nach der Tür.

Er half beim Schmuggel des Zeugs, aber das bedeutete nicht, dass er die Narren bewundern musste, die es gestohlen hatten. Der Mann murmelte gerade etwas über einen Kredit, als sich die Tür schloss und seine Worte unterbrachen. Der Kredit würde für noch mehr Schrott ausgegeben werden. Wenn er Nahrung gewollt hätte, hätte er sich in einem staatlichen Krankenhaus anmelden können, um das Heilmittel zu nehmen, und dort eingesperrt und gefüttert werden können, bis der Hunger nach seiner Droge vorüber war und er freigelassen worden wäre. Die Kur war eine kurze Hölle, aber es war eine faire Bezahlung dafür, dass er seinen Spaß hatte, und wenn der Süchtige Mut hätte, würde er sich ihr stellen. Jedes Mal, wenn er bereit war, den Preis für den Ausstieg zu zahlen, konnte er wieder ein Mann sein.

Bryce schritt gereizt durch die Büros. Es spielte keine Rolle, ob Erdlinge ihre Zeit in künstlicher Ekstase verschwendeten, aber es war etwas anderes, zu sehen, wie ein guter Raumfahrer aus dem Gürtel sich gehen ließ.

Die Rezeptionistin schaute mit erschrockenen Augen auf, als er vorbeikam, und wünschte ihm mit einem zitternden und sehr zufrieden stellenden Lächeln einen ganz besonderen guten Morgen. Er hatte sie noch in der Phase der neuen Anstellung, in der sie Angst hatte, ihren neuen Job wegen einer schlechten Referenz zu verlieren. Es war am besten, sie zunächst alle Hürden zu überwinden.

Er schenkte ihr ein herablassendes Lächeln, als er in die Innenbüros ging. "Guten Morgen." Sie war zittrig genug. Ein paar gut vorgetäuschte kalte Wutausbrüche gegen kleinere Fehler hatten gute Dienste geleistet. Von nun an brauchte sie nur noch ein Lächeln, um ein Höchstmaß an Loyalität und harter Arbeit zu zeigen. Was hatte Machiavelli gesagt? „Lass sie deinen Zorn fürchten, und sie werden dir für deine Nachsicht dankbar sein ."

Er machte sich nicht die Mühe, mit Kesby zu sprechen , als er an der offenen Bürotür vorbeikam. Kesby brauchte kein Lächeln oder Lob, er arbeitete loyal, nur für die seltene, knappe Anerkennung, dass er es gut gemacht hatte. Drei Jahre als Manager hatten ihn zu einem guten Leutnant gemacht, der vollkommen treu war. Als Bryce Union Transport verließ, folgte ihm Kesby
.

IV

Er ging in sein luxuriöses Innenbüro mit seinen dicken Teppichen und beruhigenden Farben und seinem bequemen, breiten Schreibtisch mit Lautsprecherbox und Telefonen, die wie die Nervenstränge der Macht wirkten, und setzte sich bequem wie ein König auf einem Thron oder ein Maultierhäuter auf dem Fahrersitz mit zehn Zügelpaaren in jeder Hand. Bis er hier war, fühlte er sich morgens nie ganz wach und in voller Größe.

Auf dem Schreibtisch wartete ein stattlicher Stapel Briefe und Notizen auf ihn. Oben auf dem Poststapel lag ein Brief mit der Aufschrift PRIVAT in einem breiten Spacegram- Umschlag. Er erkannte den Namen oben nicht, aber die Absenderadresse lautete General Delivery, Reef Three, The Belt. Es las:

Es ist etwas Dringendes dazwischengekommen. Muss dich sehen. Vereinbaren Sie, wann. Bob. Roberto Orillo , der in der kleinen Linie, die UT ihm genommen hatte, sein Manager gewesen war, ist jetzt Besitzer einer kleinen eigenen Linie, die sorgfältig die Konkurrenz mit UT im Gürtel vermied.

„Vereinbaren Sie, wann." Sie konnten sich nur heimlich treffen. Was würde Orillo besprechen wollen?

Die Theorie, die er drei Tage lang im Hinterkopf hatte, gab die Antwort: Mord! Es war Orillo , der hinter dem versuchten Angriff auf die Erde steckte. Dieses Treffen war eine weitere Falle. Orillo wollte seinen Tod.

Roberto Orillo war sein erster Helfer bei dem Versand- und Lieferservice gewesen, den Bryce seit der Zeit aufgebaut hatte, als er lediglich ein Asteroidensucher mit einem Schiff voller Vorräte und der zuvorkommenden Bereitschaft war, seine Überschüsse zu verkaufen.

Nachdem er seine Reisegeschäfte planmäßig eingerichtet hatte, bemerkte er, dass immer mehr Menschen in den Gürtel zogen, um sich entlang seiner Route niederzulassen, ohne in das richtige Schiff oder Vorräte zu investieren, was, wie er sagte, sein Schiff als Geschäft und als Busverbindung nutzte, was immer größer wurde seine Gewinne. Er stellte fest, dass überall dort, wo er eine Route verlängern und einen Kredit für einen Pfahl anbieten wollte, Siedler auftauchten und eine Gemeinschaft zu wachsen begann.

Er nahm diese Lektion auf und schmiedete Pläne.

UT hat sie blockiert. Bryce leitete seine Ladenschiffe auf regelmäßigen Touren, vergab Kredite, vermittelte Geschäfte, beteiligte sich zur Hälfte an Ideen, die profitabel aussahen, verkaufte Treibstoff und Strom und band seine Kunden auf subtile Weise mit Banden der Abhängigkeit an sich, die tiefer gingen als die Knechtschaft, und fand plötzlich heraus, dass UT, wessen Ein Markenzeichen, das noch nie zuvor im Gürtel gesehen worden war, hatte fünf Schiffe hineingeschleust, die genau seinem Muster nachempfunden, aber größer, prächtiger und teurer waren, und sie auf den gleichen Kurs wie seines gebracht, nur einen Tag voraus. Seine Kunden sagten es ihm. Sie entschuldigten sich, hatten aber, angelockt durch den Glanz und die Schnäppchenpreise, auf dem Schiff gekauft, das zuerst kam.

Es war ein tödlicher Schlag, und das war offensichtlich auch so beabsichtigt. Die UT-Manager waren klug im Umgang mit Macht und konnten ihn mit unbegrenztem Geld in den Bankrott treiben.

An diesem Tag erkannte Bryce, dass er UT nicht von außen bekämpfen konnte, und er sah einen Traum von einem Imperium, der größer war, als Alexander jemals geträumt hätte, aus seinen Händen gerissen werden. Als von UT ein taktvolles und versöhnliches Angebot für eine Fusion und einen Aktientausch zum doppelten Wert kam, erkannte er, dass es sich um eine indirekte Bestechung für seine stille Unterwerfung ohne Beschwerden bei Spaceways oder der Anti-Kartell-Kommission des FN handelte, und er erkannte, dass der einzige Weg, mit dem gigantischen Konzern zu konkurrieren, darin bestand, ihn von innen heraus zu zerstören.

Er bewarb sich um einen Sitz im Vorstand. Sie gaben es ihm.

Und innerhalb von drei Jahren hatte er die UT so effizient korrumpiert und untergraben, dass sie kurz vor dem Untergang stand. UT hatte noch eine Woche Zeit, im angesehenen öffentlichen Dienst zu leben, bevor eine empörte Öffentlichkeit es auseinanderriss.

Orillo im Gürtel zurückgelassen, um eine kleine Lieferfirma zu gründen, die dünn besiedelte Randgebiete beliefert, deren Gewinne zu gering waren, um UT zu stören. Es wäre dieses Unternehmen, das die UT-Ausrüstung übernehmen und aufkaufen würde, wenn Spaceways den Monsterkonzern zerstückelte, und es war geplant, dass Orillo Bryce bei diesem Ereignis eine vollständige Partnerschaft anbieten würde.

Aber vielleicht hatte Orillo Einwände dagegen, seine Herrschaft mit einem Partner zu teilen. Und vielleicht hatte Orillo immer Einwände dagegen gehabt, dass Bryce der Einzige war, der wusste, dass Orillo auf der Flucht vor der Justiz war. Bryce hatte nie genau sagen können, was sich hinter dem hübschen blonden Gesicht und den teilnahmslosen blauen Augen seiner Assistentin verbarg.

Bryce hatte ihn in die Hand genommen und ihm einen Job gegeben, nachdem Orillo vor einer Mordanklage in Südafrika geflohen war. Und Bryce hatte die Operationen arrangiert, die Orillo ein neues Gesicht, neue Fingerabdrücke und eine sorgenfreie Zukunft verschafften. Nur Bryce konnte jetzt der Polizei das Wort geben, die eine Untersuchung durchführen konnte, die zeigen würde, dass Orillos Netzhaut mit der eines gesuchten Mannes übereinstimmte.

Aber wenn hinter diesen teilnahmslosen blassblauen Augen schon immer ein Mord steckte, warum hatte es dann vorher keine Mordversuche gegeben? Die Antwort darauf war einfach. Bis zu diesem Zeitpunkt waren Bryces Aktivitäten für Orillo profitabel gewesen . Er hatte gesehen, wohin Bryces Pläne führten, und wollte, dass sie Erfolg hatten, damit er in Bryces Fußstapfen treten und die Ergebnisse ernten konnte.

In drei weiteren Monaten würde Bryces Tod den Tod eines Partners bedeuten und Orillo selbst ungewollt ins Rampenlicht der polizeilichen Ermittlungen rücken, aber jetzt, an diesem Punkt, würde das Verschwinden von Bryce Carter die polizeilichen Ermittlungen und den Verdacht nur auf die ohnehin schon wackeligen und unsicheren Personen lenken untergrabenes Gewebe von UT.

Bryce rechnete dem Mann, dem er geholfen hatte, den Nutzen und Verlust seines Todes an und lächelte reumütig. Dennoch könnte die Bitte um das Treffen echt und wichtig sein. Er musste es wagen und seinen ehemaligen Assistenten und zukünftigen Partner irgendwo treffen, weit weg von Zeugen, Anerkennung – oder Schutz.

nehme einen Notizblock, den er ausgedruckt hat, und *treffe dich am Freitag. 15:00 Uhr LM* und schrieb die Koordinaten einer Position im Weltraum ein, die nicht sehr weit von der Erde entfernt war, zeigte die Radarblinksignale für seine Boje an und klebte das Notizblatt mit seinem falschen Namen und seiner Absenderadresse an den Umschlag. Er klingelte nach seiner Sekretärin und reichte es ihr.

„Sorgen Sie dafür, dass das sofort zurückgebeamt wird. Ein Freund von mir scheint irgendwie in der Klemme zu stecken."

Das war das. Er wandte sich seiner Arbeit zu. Nach etwa einer Stunde klickte die Sprechanlage und Kesby sagte unerwartet: „Besucher, Chef. Kann ich ihn reinschicken?"

"Ja." Die Rezeptionistin hatte die strikte Anweisung, jeden außer den für einen Termin vorgesehenen Personen fernzuhalten und ihm die Namen und Geschäfte zweifelhafter Fälle zur Entscheidung bekannt zu geben, aber Kesby muss ihre Entscheidung außer Kraft gesetzt haben. Er klang zuversichtlich. Wahrscheinlich jemand Wichtiges.

Kesby öffnete die Tür mit einem halb nervösen, halb schelmischen Gesichtsausdruck: „Ihr Besucher" und schloss sie hastig, als die Person eintrat.

Er gehörte da nicht rein. Für Bryce war klar, dass er, wer auch immer er war, durch eine Lüge hereingekommen war.

Der junge Mann, der in seinem Büro stand und ihn beobachtete, hatte nichts mit dem Unternehmen zu tun. Er war zu jung für irgendeine wichtige Position. Die leichte Zerbrechlichkeit der Kindheit war noch immer in ihm. Doch dieser Eindruck verblasste bald unter der Eindruckskraft seiner Haltung. Es war mehr als nur Arroganz oder Haltung, es war ein unerschütterliches Selbstvertrauen. Als ob kein Scheitern vorstellbar wäre.

Er stand im Gleichgewicht und konnte sich entweder vorwärts oder rückwärts bewegen. Seine Stimme war wieder eine Überraschung. Absolute völlige Klarheit, fast ohne Tonfall, als ob die Worte den Geist erreichen würden, ohne dass es einer Stimme bedarf. „Wenn du mich rausschmeißen willst, ist jetzt der beste Zeitpunkt dafür." Dunkelbraune Haut einer der dunklen Rassen, pechschwarzes glattes Haar, ein dunkles Augenpaar, das fröhlich und wachsam war und den Eindruck von etwas Gefährlichem hatte. Kolossale Frechheit, charakterisierte Bryce es für sich. Er könnte so gut sein, wie er denkt. Er verkaufte wahrscheinlich die Brooklyn Bridge und hätte nie hineinkommen sollen, aber die Tatsache, dass er irgendwie an Kesby vorbeigekommen war , ließ ihn ein paar Fragen stellen, bevor er rausgeworfen wurde.

"Was willst du?"

Er trat an den Schreibtisch, um zu antworten. „Ich möchte dein rechter Arm sein." Er holte eine Schachtel Zigaretten heraus, schüttelte eine heraus und bot sie höflich an. "Habe eine?" Bryce schüttelte den Kopf und der Junge steckte sich eins zwischen die Lippen und steckte die Packung weg. „Mein Name ist Pierce", sagte er und zündete die Zigarette mit der Flamme in seinen Händen an, als wäre er es gewohnt, im Wind zu rauchen. Er schaute mit zusammengekniffenen Augen im Rauch auf, schüttelte das Streichholz aus und warf es in den Aschenbecher auf dem Schreibtisch. „Roy Pierce."

Er fühlte sich ebenso zu Hause wie eine Invasionsarmee. Bryce verspürte den Drang zu lachen.

Er kannte dieses Kind sehr gut, konnte aber nicht sagen, wo, wann oder wie. „Soll ich den Namen kennen?"

„Erinnerst du dich an Pop Yak?"

Bryce erinnerte sich an Pop Yak. Er gab mit einem Seufzen nach und befahl in der Singsangsprache seiner Kindheit. „Okay. Sitselfdel , Speeltalk hacken !"

Pop Yak war ein ergrauter Mann, der zugesehen hatte, wie Bryce mit einem anderen Kind kämpfte. Danach hatte er Bryce in seinen Laden mitgenommen und ihm Eis und ein paar Tipps zum schmutzigen Kämpfen gegeben. Beim ersten Mal war nicht viel durchgedrungen, aber Bryce holte noch einmal Rat ein und erfuhr, dass man ihm dort sagen musste, wie man Dinge anstellte und bekam, was er wollte. Pop war bei seinem Unterricht immer geduldig und hatte immer recht.

Er hatte Bryce als seinen Agenten ausgewählt, um den anderen Kindern minderwertige Drogen zu verkaufen, und fungierte als Hemmschuh für die Dinge, die er stahl, und er ermutigte ihn, in der Pflichtschule zu lernen, und lieh ihm Bücher. Und Pop war der Erste, der ihm den Tipp zu legitimen Geschäften gab und wie man auf der richtigen Seite des Gesetzes Geld einstreicht und einen Gewinn macht, den sie nicht mit sich herumtragen können. Guter alter Pop. "Werde bezahlen." Der Junge setzte sich und beugte sich mit einer leichten, bedächtigen Handbewegung nach vorne, die Pops Lieblingsgeste war, eine Geste, die Bryce selbst von ihm übernommen hatte.

„Er hat mir gesagt, dass du auf dem Weg nach oben bist." Roy Pierce hielt ihn mit einem festen, dunklen Blick fest. „Ich will ein Stück davon, und ich will es auf die einfache Art und Weise, indem ich meinen Wagen an deine Rakete anhänge. Du kannst mich gebrauchen. Ein großer Mann ist zu öffentlich. Du brauchst eine neue Hand und eine neue Stimme, eine, die tut, was du tust." will getan werden und kann es im Dunkeln oder im Licht tun, ohne deinen Namen – ein Ersatz für Alibis und ein Erfinder von Unfällen, damit sie für dich kaputt gehen, ohne dass du dich bewegst. Ein linker Arm, als den deine Feinde nicht erkennen dein."

Er bat darum, Bryces Stellvertreter bei den Dingen zu sein, die ohne Bezug zu ihm erledigt werden mussten und dennoch von Bryce selbst erledigt werden mussten, weil niemandem das Wissen darüber anvertraut werden konnte.

Konnte man ihm vertrauen? Sein Kommen könnte eine weitere Falle des unbekannten Feindes sein. Es war fast zu vorsorglich, fast zu gut getimt. „Referenzen und Fähigkeiten?"

Roy Pierce griff in seine Brieftasche und reichte ihm auf der anderen Seite eine Eignungsprofilkarte mit den allgemeinen Testergebnissen zu Ausbildung und Fertigkeiten. Bryce spielte mit der Karte und musterte den Jugendlichen. Der Junge war gut gekleidet und trug einen dunklen, maßgeschneiderten Anzug, wie Bryce ihn bevorzugte. Er sah kompetent, sauber, cool und rücksichtslos aus. "Bewaffnet?" fragte Bryce.

Plötzlich erschien in Pierces Hand etwas wie eine sehr dicke Zigarre. Das auf ihn gerichtete Ende war bis auf ein sehr kleines Loch solide. Offensichtlich handelte es sich um eine Nadelpistole, beladen mit zweieinhalb Zoll großen, gerillten, drogentragenden Nadeln.

„Schlaf oder Tod?" fragte Bryce.

„Schlaf", sagte Pierce und steckte es weg. „Es ist lizenziert." Bryce fragte sich, was ihn so sicher machte, dass er diesem Kind vertrauen konnte. Er analysierte, während er fragte. Er machte sich nicht die Mühe, einen Blick auf die Karte zu werfen.

"Sprachen?"

„Grundlegendes Küsten-Pidgin, symbolisch und Glot ." Grundlegendes Englisch und Poliglot , die beiden Universalien.

„Detektorsicher?" Lügendetektoren könnten ein Ärgernis sein, denn sie wurden beiläufig und allgemein eingesetzt, ohne dass es der rechtlichen Befugnisse und der Achtung der verfassungsmäßigen Immunität und der ärztlichen Aufsicht bei der Befragung durch Hypnose bedurfte.

Pierce lächelte und seine weißen Zähne blitzten auf. „Das Erste, wofür ich mein Geld gespart habe."

Obwohl sie Standard-Englisch sprachen, hatte Bryce seine Betonung fast auf den Block abgestimmt, in dem er aufgewachsen war. Fast auf den halben Block! Er war so vertraut wie Pop Yak, so vertraut wie sein eigenes Gesicht im Spiegel und so verständlich. Bryce kannte das Innere seines Geistes so gut, als wäre es ein plötzlich angewachsenes, eigenes Ohrläppchen. Es war, als würde er in der Zeit auf sich selbst zurückblicken, jünger und weniger komplex.

Pop Yak hatte ein weiteres Modell desselben Modells angefertigt, ein jüngeres, einfacheres Duplikat seiner selbst. Pierce tat genau das, was er gesagt hatte, und bot Bryce seine Dienste an, wie er ihm ein Schwert anbieten würde, einfach um das Risiko und die Freude einzugehen, ein Instrument in einem Machtspiel zu sein, bei dem so viel auf dem Spiel stand, wie er es sich für Bryces Spiel vorgestellt hatte. Es bestand keine Gefahr, dass er eine Pflanze war, und es bestand keine Gefahr, dass er unter Druck kreischte: Das Risiko des Todes oder der Verhaftung war Teil seines Gehalts.

„Okay", sagte Bryce. Er deutete mit dem Kopf in eine Ecke des Raumes hinter ihm. „Setzen Sie sich da drüben." Du bist mein Cousin aus Montehedo , und ich zeige dir die Stadt." Er wandte sich wieder seinem Terminblock zu und las. Nachdem Pierce einen Stuhl an der angegebenen Position platziert hatte, sagte Bryce, ohne sich umzudrehen. „Diese Woche kann ich gebrauchen." ein Leibwächter. Jemand heuert Mörder für mich an.

Einen Moment lang war kein Bewegungsgeräusch zu hören. Bryce kam zu dem Schluss, dass Pierce mehr überrascht war, als die Tatsache rechtfertigte. Aber seine Frage war sanft und tödlich. „Irgendeine Idee, wer?"

„Die Linie bildet sich nach links." Bryce sagte trocken: „Legen Sie die Nadelpistole weg und kaufen Sie etwas Legales, das tötet." Er gab einen Stapel Briefe, Memos und Grafiken zurück. „Lesen Sie diese und lernen Sie." Aus irgendeinem Grund war er begeistert.

Er wandte sich wieder seiner Arbeit zu, leitete Sendungen weiter, verschob die Tarife, um die Verlagerungskosten auszugleichen, senkte die Tarife für vorläufige Anreize auf Leitungen, die bei höherer Auslastung zu geringeren Kosten laufen könnten, und nutzte gelegentlich den Bell-Kommunikationslastanalysator und Kesbys Formelanalyse für verschiedene Möglichkeiten um Engpässe und Überlastungsverzögerungspunkte abzuwenden, und manchmal auch die Karten des Sonnensystems an den Wänden konsultieren.

Guter Service steigerte die Nachfrage und Abhängigkeit der Kunden von gutem Service. Hersteller, die jetzt auf der Erde mit den aus dem Weltraum eingeschifften neuen Materialien produzieren, könnten nicht vom Zugang zu den neuen Materialien abgeschnitten werden, ohne dass die Hersteller Schaden nehmen würden. Die Erde wurde zunehmend vom Weltraumtransport abhängig.

Sobald die Kunden es bekamen, wuchs ihr Bedarf. Er lächelte bei dem Gedanken. Es war eine andere Art des Drogenhandels und übte die gleiche Art potenziell unendlicher Macht über die Kunden aus.

Eines hatte er aus dem Wirtschaftsbuch gelernt, mit dem er sich vor vier Nächten herumgeschlagen hatte, ein einfaches, unerbittliches Prinzip, das er zuvor nur vage erkannt hatte – dass es schwieriger und teurer war, Waren von der Erde in den Weltraum zu transportieren, als sie dort abzuwerfen

Erde aus dem Weltraum, irgendwann könnten Raumfahrer unabhängig von der Erde sein und die Erde wäre völlig abhängig von Weltraumprodukten.

Die Möglichkeiten des Planspiels übertrafen alles, was Pop Yak jemals angedeutet hatte, aber das Lustige war, dass er es Schritt für Schritt selbst herausfinden musste. Diese Art von Aufregung gab es nicht in Geschichten. Die Abenteuer von Entdeckern, Forschern und Detektiven wurden in Geschichten geschrieben, nicht aber von Geldmännern. In den Geschichten, die er gelesen hatte, ging es um Leben, Wachstum, Tod und Erpressung einzelner Menschen, nicht jedoch um die Ermordung von Planeten und Städten, die Kontrolle und Erpressung ganzer Bevölkerungen in diesem seltsamen juristischen Spiel mit einfachen Regeln. Komisch, dass es in den Zeitschriften, die er als Kind gelesen hatte, keine grellen Geschichten darüber gab.

Er grinste – Na ja, die Kinder würden über *ihn lesen* . In fünfzehn Jahren würde er alle unter seiner Fuchtel haben, und sie würden lächeln und sich verbeugen und Angst haben, wenn sie nur mit ihm reden.

Die Arbeit verschwand schnell, der Stapel angesammelter Briefe und Berichte schrumpfte, und das Telefon klingelte in Abständen.

Er ging mit Beschwerden sorgfältig um und formulierte jeden Antwortbrief so, dass er den Eindruck erweckte, dass er, Bryce Carter, persönlich gegen die Unternehmensrichtlinien verstieß, um den Beschwerdeführer zufrieden zu stellen, und lobte die Intelligenz und Klarheit des Beschwerdebriefs. Bisher hatte er auf diese Weise insgesamt etwa sechshundert Briefe schreibende Verbündete gewonnen . Bei den Beschwerdeführern handelte es sich in der Regel um geschwätzige, sich einmischende Typen, die mehr als nur ihren Anteil an der öffentlichen Meinung äußerten, und viele würden ihn vor jedem verherrlichen, dessen Ohr sie halten konnten, und sei es nur, um zu erfahren, dass sie mit einem Direktor der großen UT auf engstem Verhältnis standen.

Viele der Briefe waren lediglich freundlich und gesprächig und erzählten von Geldproblemen, Erfolgen und Familienangelegenheiten. Dazu zeichnete er ein paar freundliche Bemerkungen auf einer Drahtspule auf, erzählte jedem den gleichen Witz und steckte jede Drahtschleife in einen Umschlag, um sie per Post zu verschicken.

Pierce, der eine Transportroutenkarte studierte, blickte hinüber und grinste bei der sechsten Wiederholung des Witzes, und Bryce grinste zurück und fuhr damit fort, einen Brief an eine Adresse in den Ozarks aufzuzeichnen. „Ich habe eine junge Cousine von mir aus Montehedo , Miss Furnald , zu Besuch bekommen. Er sitzt hier und schaut zu, wie ein großes Geschäftsbüro arbeitet, und er grinst mich an, weil es aussieht, als ob ich den ganzen Tag nur dasitzen und mit meinen Freunden reden möchte. Ich Ich muss hier neunundfünfzig Geschäftsbriefe beantworten – ehrlich gesagt – neunundfünfzig, ich habe sie gerade gezählt, also unterbreche ich wohl und zeige dem jungen Mädchen, wie ich arbeiten kann. Schicken Sie mir das Foto des neuen Babys Ihrer Schwester ."

Er hängte das Mundstück der Schallplatte auf. Ein weiterer Wähler und treuer Freund, den er für sich gewinnen konnte, als er eine Persönlichkeit des öffentlichen Lebens war und es schwierig wurde.

Er grinste. Es war ein seltsames Leben und ein seltsames Spiel.

V

Als er mit Pierce das Büro verließ, trat jemand aus einer Ecke des Korridors, umklammerte seinen Ärmel und sprach schnell. Bryce wischte achtlos die Hand ab und ging weiter.

„Ein Junkie", bemerkte er zu Pierce. Da war eine schnelle Bewegung hinter ihnen, die sie zur Seite wirbeln ließ. Pierce stand mit der kleinen Nadelpistole in seiner Handfläche daneben und wartete, ob sie gebraucht würde, während Bryce den Abwärtsstreich seiner Hand beendete, der das Messer und den Junkie auf den gummiartigen Boden des Korridors schleuderte.

„Soll ich ihn melden?" fragte Pierce, ließ seine Nadelpistole mit der gleichen sanften Bewegung verschwinden, in der sie aufgetaucht war, und deutete auf ein Telefonzeichen.

„Nein. Das spielt keine Rolle", ging Bryce nachdenklich weiter. „Alle wollen mich auf einmal töten."

Pierce sagte: „Es ist leicht, einen elenden Mann so weit zu beeinflussen, dass er alle seine Probleme und seinen Hass auf einen Namen beschränkt, wie Bryce Carter."

„Ich weiß", sagte Bryce. Er sah, dass der lächelnde, dunkle junge Mann wachsam war, ein wenig vor ihm ging und schnell nach links und rechts blickte, als sie sich Ecken, Kreuzungen und vertieften Türen näherten, wo ein Mann ungesehen warten und seine Arbeit als Leibwächter effizient und unauffällig erledigen konnte. „Wenn es der Mann ist, für den ich ihn halte", sagte Bryce zu ihm und kam wieder in Gleichschritt, nachdem sie in die U-Bahn eingebogen waren, „dann arbeitet er gegen eine Frist. Jetzt oder nie. Es wird nichts mehr davon geben." nach dem nächsten Monat.

Pierce antwortete, nachdem er einen Blick in einen vorbeikommenden Spiegel geworfen hatte, um zu sehen, ob sie verfolgt wurden, und einen kurzen Blick auf den Bahnsteig geworfen hatte. „Ihre üblichen

Aufenthaltsorte werden mit Sprengfallen versehen sein. Halten Sie sich besser aus der Routine heraus."

An diesem Abend aßen sie am Ende der Stadt das Abendessen, das er normalerweise mit Mona in einem Nachtclub oder allein auf der Suche nach einem guten Mitbringsel in einer teuren Cocktaillounge einnahm. Es befand sich im Schifffahrtsbereich rund um die Docks, am anderen Ende der Stadt als seine üblichen Aufenthaltsorte. Die Decke war niedrig und die Gläser zitterten und tanzten mit dem ständigen gedämpften Donner der Düsen, die von den nahegelegenen Landeplätzen durch den Boden donnerten.

Sein neuer Assistent und Leibwächter war angenehm respektvoll, zündete ihm Zigaretten an, hörte sich seine Meinung respektvoll an und lockte ihn mit Fragen heraus, die zeigten, dass er verstand, was er hörte.

Bryce konnte sich nicht erinnern, jemals so viel Spaß beim Reden gehabt zu haben, seit er die Gesellschaft der Meteoritenschürfer am Gürtel verlassen hatte. Alles, was er sagte, schien richtig und sogar brillant zu sein. Während er sprach und Anekdoten aus seinem Leben erzählte und einige seiner Pläne skizzierte , sah er sein früheres Leben mit einer besonderen Lebendigkeit, als wäre er ein Fremder, der es zum ersten Mal sah. Im reflektierten Licht des Interesses und der Begeisterung seines Publikums erhielten Ereignisse einen neuen Glanz von Unterhaltung, Abenteuer und Erfolg, wo sie damals nur Arbeit, Risiko und Routine zu sein schienen.

Sie hatten einen Abend vor sich. Irgendwie kam Pierce mit einem kleinen Ägypter ins Gespräch, der für Cyrano hätte stehen können und die gleiche fröhliche, ungestüme Art mit ihm hatte. Raz Anna war sein Name. Er behauptete, der Kalif von Bagdad zu sein, noch inkognito, oder vielleicht ein als Einheimischer getarnter Berufsforscher. Nach ein paar Drinks rekrutierte er sie etwas verwirrt, als die beiden vermissten Musketiere und sie Arm in Arm von Bar zu Bar und durch dunkle Gassen auf und ab wanderten und die heidnischen Eingeborenen interviewten.

Bryce merkte, dass er ständig lachte und sich auf eine Weise amüsierte, die nichts mit der geringen Anzahl an Drinks zu tun hatte, die er getrunken hatte.

Er konnte Raz keine Ehrerbietung entlocken. Raz hätte sich Gott selbst nicht unterworfen, und es hatte keinen Sinn, ihn beeindrucken zu wollen, denn nichts beeindruckte ihn. Anscheinend hatte der hakennasige, fröhliche kleine Mann keinen Ehrgeiz und keinen Neid auf irgendjemanden und wollte kein besseres Leben als im Moment.

Es war eine seltsame neue Welt, durch die sie Bryce führten – nicht die zerlumpte, hungernde, überfüllte Bösartigkeit seiner Kindheit – nicht die kämpfende Gleichberechtigung von Raumfahrern und Bergleuten, von denen viele vom Gesetz gesucht wurden – nicht die einfache karge

Gastfreundschaft der Siedler in der Gürtel, der ihm Geld schuldete und der ihn aus Dankbarkeit zu ihren spärlichen Abendessen einlud – diejenigen, die es ihm immer gelungen waren, an ihrem Platz zu bleiben und ein gewisses Maß an Respekt einzufordern.

Sogar die glatten, mächtigen und wohlhabenden Männer um ihn herum zollten ihm jetzt ein gewisses Maß an Ehrerbietung, das eine Anerkennung seiner Stärke war. Aber die beiden Musketiere, mit denen er zusammen war, und die Welt, die sie ihm eröffneten, schienen weder Distanz noch Höflichkeit zu respektieren, noch Angst vor Stärke zu hegen. Freundliche Beleidigungen und unkritische Freundlichkeit vermischten sich auf seltsame Weise mit dem gespielt-feierlichen Anspruch des Märchens, und dieser Teil war echt und spontan. Es schien nicht wirklich eine andere Art von Menschen zu sein, die er traf: Es waren dieselben Menschen, die anders an ihn herantraten. Er wusste nicht genau, wie es gemacht wurde, und überließ den anderen beiden die Führung.

Vielleicht hatte er zu viel getrunken, dachte er, als er mit dem Hotelaufzug fuhr. Denn im Nachhinein war der Abend ein Hauch von Vergnügen, auf den er sich nur schwer konzentrieren konnte. Alles, was er gesagt hatte, alles, was geschehen war, erschien ihm zutiefst richtig, eine Atmosphäre, die er selten zuvor und auch nur dann im letzten Stadium der Trunkenheit erlebt hatte. Aber er war nüchtern. Er hatte nur ein paar Drinks getrunken und seine Wahrnehmung schien eher geschärft als verschwommen zu sein. Doch wo in seinem Kopf kritische Gedanken und Bedauern über Fehler und unruhige Pläne hätten sein sollen, gab es nur ein angenehmes, leeres Summen.

„Zu viel Gerede", dachte er und gähnte, als er den luxuriösen Hotelkorridor entlang zu seinem Zimmer ging.

In dieser Nacht bemerkte er zum ersten Mal, dass etwas mit dem Spiegel nicht stimmte.

Während er sich auszog, blickte er beiläufig hinein, dann ging er nicht mehr ganz so beiläufig darauf zu und betrachtete sein Gesicht. Ein leichtes, unangenehmes Kribbeln lief durch seine Nerven.

Ein Fremder – Als er versuchte, sich auf das zu konzentrieren, was falsch war , konnte er nichts finden, was anders aussah, aber der Gesamteffekt war völlig falsch. Er entschied, dass es der Spiegel sein musste, eine subtile Verzerrung des Spiegelbildes. Das alte muss bei der Reinigung kaputt gegangen und ein neues eingebaut worden sein.

Die Kälte verging und das gute Gefühl der Leere hielt immer noch an. Er ging zu Bett, ließ den Abend noch einmal Revue passieren und lächelte, und schlief ein, ohne auf das Kopfrechnen zurückzugreifen, das er normalerweise anwendete, um seinen Kopf von Unzufriedenheit zu befreien.

Am nächsten Morgen sah der Spiegel immer noch seltsam aus. An dem Spiegelbild des Zimmers schien nichts falsch zu sein, aber als er sich wie üblich inspizierte, bevor er den Korridor betrat, kehrte das Gefühl der Fremdheit zurück und seine Augen fühlten sich an, als würden sie verschwimmen.

Er legte instinktiv die Hand vor die Augen und verspürte einen deutlichen Schock, als das Spiegelbild dasselbe tat.

Seltsam.

Ein schlanker, lächelnder junger Mann gesellte sich zu ihm in die Lobby, erhob und senkte sich im Gleichschritt mit ihm und ging mit unauffälliger Wachsamkeit und Vorsicht durch die Türen vor ihm. Er erfüllte seine Pflichten als Leibwächter gut, bemerkte Bryce, aber das war nur zu erwarten. Effizienz ist und sollte unbemerkt bleiben.

Eines entdeckte er während des Arbeitsmorgens im Büro. An dem Spiegel in seinem Hotelzimmer war nichts auszusetzen. Der Waschraumspiegel war noch schlimmer!

Er stand eine Weile wie erstarrt da , während er auf ein schmales, gebräuntes und sommersprossiges Gesicht blickte, das wie ein Farbfilm von ihm aussah, jedes Merkmal an der richtigen Stelle, so wie er es in Erinnerung hatte, aber dennoch nicht seines. Es gehörte nicht ihm. Er schnitt ihm Grimassen, und er schnitt Grimassen, als ob es ihm gehörte, während er versuchte zu glauben, dass er aus den grauen Augen blickte, die ihn ansahen, dann hörte er, wie jemand hereinkam und plötzlich und verlegen ging.

An diesem Nachmittag, nachdem Pierce mit der Arbeit begonnen hatte, begann er nützlich zu sein, fügte sich in den Arbeitsalltag ein, als ob er schon immer dabei gewesen wäre, und erledigte die richtigen Anrufe, Kontakte und Termine auf der Grundlage kleinster Hinweise, die er ihm übergab das Telefon intuitiv so, wie er es brauchte, immer zur richtigen Zeit mit fast telepathischem Instinkt. Während er die Entscheidungen und Pläne von Kesby und den Mitarbeitern, die sein Einverständnis brauchten, überprüfte und getippte Briefe unterzeichnete, sprach Bryce die Gedanken und Pläne aus, die ihm halbformal in den Sinn kamen, fast laut denkend. Und als seine Bemerkungen auf etwas stießen, das so klang, als ob es gut wäre, es bald zu tun, sah er, wie Pierce sie aufschrieb und später die vorbereitenden Schritte für Bryces Verwendung detailliert beschrieb.

Und auch alle kleinen Aufgaben wurden ihm mit lockerer Selbstverständlichkeit abgenommen, was ihm viel Zeit sparte. Sein Assistent war das, was er zu sein behauptet hatte: eine wirklich nützliche linke Hand. Bryce war stolz auf die offensichtliche Leistungsfähigkeit des Jungen, denn er war ein Produkt derselben Schule, die Bryce selbst verlassen hatte.

Auf dem Rückweg zum Hotel, nach der Arbeit, bemerkte er, wie Pierce ihn mit nachdenklicher Miene ansah, und ihm wurde klar, dass er gezögert hatte und jedem öffentlichen Spiegel, an dem er vorbeikam, einen zweiten Blick zuwarf. Für einen Moment war er verlegen und fragte sich, ob sich in seinem Gesichtsausdruck eine Anspannung angemerkt hatte.

Er musste an diesem Abend zu einer Party gehen, also zog er formelle Kleidung an und machte sich wieder auf den Weg zum Haus des FN-Verwaltungsgouverneurs des Mondes.

Er wollte nicht teilnehmen. Es würde ein weiteres dieser steifen, einsamen Abendessen sein, die er zuvor durchlitten hatte, aber er musste lernen, Freunde auf seiner eigenen sozialen Ebene zu finden und locker und gesellig mit den Menschen umzugehen, mit denen er den Rest seines Lebens verkehren würde .

Nachdem die erste Stunde ihn auf eine gute Probe gestellt hatte, kam Bryce zu dem Schluss, dass der Abend genauso schlimm war, wie er erwartet hatte. Er stand am Rande einer kleinen Gruppe, hielt einen Drink in der Hand und sah verärgert zu, wie eine verblüffend schöne Frau lachte und mit den anderen in der Gruppe redete und nicht mit ihm. Sie war ihm als Sheila Wesley vorgestellt worden. Die Witze, die sie mit den anderen machte, waren schnelle und subtile Anflüge von Witz und Einsicht und schienen auf einem gegenseitigen Verständnis zu beruhen, das er nicht teilen konnte, obwohl einige der anderen gerade erst vorgestellt worden waren und einander fremd waren vor ein paar Minuten; Es war etwas, das er vage als einen gemeinsamen Hintergrund und eine gemeinsame Lebenseinstellung begriff, die sie teilten, vielleicht durch Bildung.

Es gab kurze Hinweise auf politische Situationen, mit denen sie alle vertraut zu sein schienen, oder auf einen Namen, der eine Figur in einem Buch gewesen sein könnte, das sie alle gelesen hätten, oder jemand in der Geschichte, auf die jeweils ein gedämpftes Lachen und ein zusätzlicher Witz folgten Aussage von einer anderen Seite. Keiner von ihnen sagte ihm ein Wort und bemerkte auch nicht, dass er da war.

Warum sollten sie? Er war gut und teuer gekleidet, aber das waren sie alle auch. Er war eine prominente und einflussreiche Person, aber das waren sie alle auch, und es langweilte ihn. Er konnte nicht wie die anderen reden. Was konnte er dann tun, um Sheila Wesley dazu zu bringen, ihn so anzulächeln, wie sie auf den lächerlichen kleinen dicken Mann neben ihr herablächelte, während er aufgeregt seine Meinung stotterte?

Sheila Wesley ließ sich nicht wie Mona von Geld, Kleidung und Einfluss beeinflussen. Würde sie selbst von der Macht beeindruckt sein, die er später haben würde? Er versuchte, sie sich zitternd und ehrfürchtig vorzustellen, wie sie an seinen Worten festhielt und ihm schmeichelte, aber er konnte es nicht glauben. Sie würde ihn wahrscheinlich nicht mehr bemerken als jetzt. Er konnte nichts tun, um sie zu beeindrucken. Er hatte geglaubt, dass Mona souverän sei, aber jetzt erkannte er, dass ihr Verhalten nur eine unzureichende Kopie eines völlig spontanen Originals war. Die Frau, Sheila, schaffte es, ausgeglichen, distanziert und dennoch freundlich zu allen zu sein, gleichzeitig warmherzig und unerreichbar.

Er wollte beißend unhöflich sein. Das würde sie zumindest dazu bringen, zuzugeben, dass er existierte. Sie lächelte diesen lächerlichen kleinen dicken Mann wieder an.

Er trank sein Glas leer und verließ völlig unbemerkt die Party. Niemand würde ihn vermissen, da war er sicher.

Draußen auf dem Flur unterhielt sich Roy Pierce, sein Assistent, mit zwei jungen Männern und zwei Mädchen.

„Da ist er jetzt“, hörte er Pierce sagen.

Und einer der jungen Männer kam lachend auf ihn zu.

„Stimmt es, dass dieser Wahnsinnige sich nicht mit der Frau seines Herzens versöhnen kann, weil sie ihn verbannt hat? Wenn wir alle versuchen, ihn reinzuschmuggeln –“

Und eines der Mädchen, eine wirklich wunderschöne Blondine, rief: „Er hat uns gerade von der Zeit erzählt, als du mit den Piraten hinter dir im Weltraum warst und sie den großen Fokussierspiegel aus dem ersten Belt-Gießereiofen gestohlen hatten. Da bin ich mir sicher.“ Du kannst es besser sagen – du sagst es.“

Er war damals von den Fünf umringt. „Mach weiter“, drängten sie lachend, „Mach weiter!“ „Es ist doch nicht wirklich passiert, oder?“

Dieser Vorwurf wurde von der hübschen Blondine erhoben. Er sah sie halb empört an. „Ich weiß nicht, wie er es erzählt, aber es ist passiert.“ Und er begann zu erzählen, was passiert war.

Die beiden Mädchen und die beiden jungen Männer hörten zu und fügten gelegentlich verblüffte Zwischenrufe und bewunderndes Gelächter hinzu.

Pierce fügte hin und wieder eine Frage ein, und Bryce wurde bewusst, dass er bei der Beantwortung dieser Fragen dazu geführt wurde, Punkte zu betonen und zu verstärken, die die Gefahr und Komik deutlicher machten. Später wurde ihm bewusst, dass er halb bewusst den Hinweisen von Pierces Gesichtsausdruck folgte, um die richtige Betonung und Stimmung der Erzählung zu finden, mal beiläufig und lächelnd, als er erzählte, was er getan hatte, mal stark dramatisch, indem er die Töne und Drohungen des Erzählers nachahmte und burleske Gesetzlose, die jetzt ironisch und bitter gleichgültig über Schaden und Tod hinweggehen – als eine ironisch hochgezogene Augenbraue in dem dunklen, jungen Gesicht, das zuhörte, und ein schwaches, unmerkliches Achselzucken ihn das Geschehene aus einem anderen Blickwinkel sehen ließen, als er es damals gesehen hatte. Pierce hatte offenbar etwas, das er brauchte: ein gutes Gespür für Geschichten. Ihm zu folgen musste etwas sein, was er letzte Nacht unbewusst gelernt hatte, aber es funktionierte. Wie gut es funktionierte, konnte er an den Gesichtsausdrücken seines Publikums erkennen.

Jemand, der die Party verließ, war hinter seiner rechten Schulter stehengeblieben, um zuzuhören. Als er fertig war, erklang inmitten der Ausrufe und Seufzer seiner Zuhörer eine kühle, vertraute Stimme gedehnt.

„Das ist eine ziemliche Geschichte. Ich habe etwas darüber in der neuen Gießerei am Riff fünf aufgeschnappt, aber damals war es schon ein altes Garn." Sie stand vor ihm, immer noch glatt und selbstbewusst und lieblich, und reichte ihm die Hand. „Ich bin froh, es aus erster Hand zu hören. Sind Sie nicht Bryce Carter? Wir wurden dort vorgestellt, glaube ich, aber der Name hat nicht gepasst."

Es war Sheila Wesley.

Dieser Abend war unvergesslich.

Zuerst war es eine private Party in einem Nachtclub, dann in einem kleinen Restaurant. Tom, Betty, die hübsche Blondine, Ralph und die hübsche Brünette, die Marsha hieß, Pierce, er selbst und Sheila. Das Gespräch erstreckte sich wild über eine Vielzahl von Themen und brach manchmal in kollektive Unsinnsphantasien wie ein Hut voller Feuerwerkskörper über, die sie hilflos lachen ließen, manchmal verlagerte es sich auf Philosophie und gegenseitiges Vertrauen. Von Zeit zu Zeit brachte Pierce das Thema auf etwas, das Bryce auffiel, und er ertappte sich dabei, wie er es mit unerwarteter Leidenschaft und Beredsamkeit vortrug, und er war überrascht, dass die anderen großes Interesse zeigten.

Pierce sagte selten mehr als eine gelegentliche heitere Bemerkung, aber in den subtileren Gesprächen achtete Bryce immer noch halb bewusst auf die Hinweise seines Gesichtsausdrucks, um herauszufinden, wie er selbst reagieren sollte, um das richtige Wort und die richtige Einstellung zu finden, die ihm gefielen an den Tisch und drängte sie alle zu noch größeren und fantastischeren Gesprächen. Es war offensichtlich, dass Pierce nie Schwierigkeiten hatte, jemanden zu verstehen. Er hatte einen Instinkt, der Bryce fehlte, und Bryce ergab sich bereitwillig seinem überlegenen Können und folgte seinem stillen Beispiel.

Sheila nicht nur Mitglied einer der besten Diplomatenfamilien war, sondern auch eine kurze Zeit als Beraterin in der Belt-Kunststoffmanufaktur gearbeitet hatte, als diese gegründet wurde, und das Leben im Weltraum angenommen hatte. Sie teilte seine Begeisterung über die Zukunft der Asteroidengürtel.

Es war ein beispielloser Abend. Am Ende hatte er vier neue Freunde und hatte herausgefunden, dass „Tom“ Thomas Mayernick war , einer der Anwälte der Spaceways Commission und einer der Männer, die er zum Abendessen getroffen hatte.

Und Sheila, groß und schlank und schön, drückte seine Hand, als sich die Gruppe trennte, und sagte mit ihrer wunderbaren Stimme: „Ich möchte dich wiedersehen, Bryce“, sie lächelte. „Ich esse bei den Technikern am Ende der Stadt, wissen Sie. Ich werde morgen Mittag mit einer Gruppe am Geigerzähler sein. Wenn Sie die Gesellschaft von Rechenschieberkünstlern haben, würden wir uns jederzeit freuen, Sie zu sehen.“

Er stand einen Moment lang seltsam überrascht da.

„Bedanken Sie sich bei der Dame.“ Pierce lächelte. Und zu Sheila: „Sie sollten die Leute nicht so erschrecken, Ma'm . Sein Herz ist schwach.“

„Ich bin einfach tot umgefallen“, sagte Bryce und fand Worte. „Du verführst mich nicht? Du wirst da sein?“

„Bei meiner Ehre“, lächelte sie. „Gute Nacht, Bryce.“ Sie war an solche Ehrungen gewöhnt. Obwohl sie halb spöttisch waren, wusste sie, wie sehr sie im Grunde aufrichtig waren, und akzeptierte ihre Hommage an ihre Schönheit als Selbstverständlichkeit. Was für eine Frau, die er anderen Männern als seine Frau vorstellen und den Ausdruck in ihren Augen sehen kann.

Plötzlich fiel ihm ein, dass er nicht ein einziges Mal erwähnt hatte, dass er Direktor der UT war. Irgendwie war das Gespräch nie auf ein Thema gelenkt worden, bei dem er es hätte sagen können. Er nahm sich vor, es ihr das nächste Mal zu sagen. Es schien seltsam, dass er so viele Stunden mit fünf Leuten zusammen war, ohne ihnen mitzuteilen, dass er Direktor der UT war. Gestern Abend hatte er dasselbe getan, jetzt erinnerte er sich. Aber sie schienen ihn auch ohne ihn zu mögen.

Er betrat sein Hotelzimmer und schaltete das Licht ein, doch der erste seitliche Blick auf sich selbst im Spiegel war beunruhigend. Er löste dieses Problem mit dem erstaunlich einfachen Mittel, das Licht wieder auszuschalten, zog sich im Dunkeln aus und grinste albern.

VI

Als wir uns der Reihe der Wissenschaftler und Techniker entlang der unterirdischen Arkaden näherten, wurden die teuren Restaurants immer weniger und durch Bierhallen deutschen Typs ersetzt, durch Schulen, deren Kurse in ihren ausgehängten Stundenplänen ausgeschrieben waren und deren Titel für ihn völlig unverständlich waren, und durch Second-Hand - Bücherstände, die ramponiert verkauft wurden Fachbücher und Zeitschriften, deren Titel in keiner Sprache zu entziffern waren, die Bryce einfiel. Die Menschenmassen in der Mittagspause strömten aus Aufzügen und U-Bahnen in Eile in die Arkaden, um in ihren Lieblingsrestaurants den ersten Platz zu ergattern.

Pierce drehte sich halb um, als hätte sein Blick den Ausdruck eines Gesichts hinter ihnen bemerkt.

„Carter! Da bist du ja, du Bastard!" Die Stimme kam hinter ihm, voller Wut, aber mehr als das war die Beleidigung. Es bedeutete Herausforderung. Dies war nichts, wofür Pierce ihn verteidigen konnte!

magnomatische Waffe herauszog , und fragte sich, ob der Angreifer zu der ehrenhaften Art von Duellanten gehörte, der das Feuer lange genug zurückhalten würde, um seine Waffe herauszuholen.

Wie durch ein Wunder schien es zu geschehen. Er hatte den Sprecher schon zur Hälfte im Visier, als er ihn erkannte, eine riesengroße Gestalt, die er schon hundertmal gesehen hatte. Herr Beldman vom Vorstand. Was machte er auf dem Mond?

Beldman stand mit den Fäusten in den Hüften und gespreizten Beinen da und grinste Bryce höhnisch an. „Das ist richtig", sagte er stark sarkastisch, „fangen Sie an zu schießen , wenn Sie von unschuldigen Zuschauern umgeben sind; wenn Sie wissen, dass ich nicht auf Sie zurückgreifen kann. Das ist die Art eines Gauners." Die heisere, raue Stimme hallte von den Wänden. Hinter ihm bis zur Biegung des Korridors zerstreuten sich die Leute hastig aus der Schusslinie.

Crook war das zentrale Wort. Irgendwie hatte Beldman herausgefunden, dass Bryce für die Korruption von UT verantwortlich war, und er behandelte die Angelegenheit auf die direkteste Art und Weise, wie man sie angehen konnte, denn ein Tod in einem Privatduell würde einem Streit zugeschrieben und nicht untersucht werden .

Wie hatte er es herausgefunden? Bryce unterdrückte die Frage, während er steif sein Magnomatikgerät zurücksteckte. Es hatte keinen Sinn, darüber nachzudenken, bis die Frage geklärt war, ob er die nächsten fünf Minuten überleben würde. Er stand mit leeren Händen da, fühlte sich innerlich seltsam leer und vermisste seltsamerweise die weiße Wut und die Liebe zum Mord, die ihn normalerweise durch solche Dinge trugen.

Der Tag schien zu schön, um ihn zu verderben. Er hätte lieber seinen Weg zum Mittagessen mit Sheila fortgesetzt und den Mann am Leben gelassen – oder sich selbst am Leben gelassen. Das wäre kein Duell für ein bisschen Blutvergießen. Beldmans Ziel war es zu töten. Und Beldman selbst musste sterben, obwohl er wusste, was er wusste. „Verstehen Sie, was Sie gesagt haben, Sir?" Bryce benutzte die formellen Worte der duellierenden Länder.

„Da hast du verdammt recht!"

„Sind Sie bereit, die Konsequenzen zu tragen, Sir?"

„Mehr bereit als du", sagte Beldman, die Hände immer noch in den Hüften. Er ergänzte seine Bemerkung mit ein paar gut gewählten Worten, die an seine Zeit als Lkw-Fahrer erinnerten.

„Wie viele Schüsse?" fragte Bryce leiser und begann, töten zu wollen.

„Bis einer von uns mit der Waffe aus der Hand am Boden liegt."

Bryce wiederholte diese Vorkehrung vor der Menge, die sich diskret an der Seitenlinie versammelt hatte. „Wir schießen, bis einer von uns beide am Boden liegt und entwaffnet ist."

In der Menge herrschte ein überraschtes Gemurmel, denn das war eine ungewöhnliche und tödliche Vorkehrung für ein formelles Duell. Als Bryce laut zählend die erforderliche Anzahl Schritte zurückging, meldeten sich zwei Männer freiwillig als Sekundanten. Sie traten vor, um die Waffen schnell zu vergleichen und sie den Duellanten zu zeigen. Es musste schnell erledigt werden, denn die Mittagspause hatte begonnen, als die Menschen in die Korridore strömten und der Verkehr stagnierte.

Bryces Waffe war eine .42- Magnomatikpistole, die auf einer elektrischen Beschleunigung des Geschosses durch elektromagnetische Ringe im dicken Lauf beruhte. Es war lautlos, abgesehen von einem legalen, eingebauten Funk- Yep, das den Notrufempfängern der Polizei den Schuss und die Nummer mitteilte. Beldmans Waffe war eine weitere Maggy der gleichen Marke, aber schwerer und hatte einen weitläufigen Lauf, der offenbar ein viel schwereres Geschoss abfeuerte.

"Bereit?" Der Zweite trat an den Rand der Menge zurück und begann, eine halbe Minute für Sekunden abzuzählen.

Die Gesichter der Menge verschwanden aus seinem Bewusstsein. Bryce stand mit leeren Händen da, während die Sekunden gezählt wurden. „Dreißig, neunundzwanzig, achtundzwanzig, siebenundzwanzig", kam die Stimme und zählte gleichmäßig und laut. Die Welt verengte sich zu einem Raumkorridor mit der klobigen Gestalt Beldmans an einem Ende und ihm selbst am anderen Ende. Komisch, dachte Bryce, dass er diese sturköpfige Ungeduld und Stärke nie für gefährlich gehalten hatte. Er war ein gewaltiger Klotz von einem Mann; Während Bryce muskulös war, war JH Beldman so breit an Schultern und Rumpf und so kräftig an den Armen, dass er fast rund aussah. Wie Bryce hatte er sich von unten hochgearbeitet, erinnerte sich Bryce. Er begann als LKW-Fahrer und Arbeitsorganisator, besaß dann seine eigene Linie und lieferte sich einen harten Kampf gegen UT, bevor er aufgekauft wurde. Grob, aber das bedeutete nicht, dass hinter diesem runden Gesicht kein blitzschneller Verstand steckte.

„Sechsundzwanzig, fünfundzwanzig, vierundzwanzig, dreiundzwanzig –"

Er hatte die Tödlichkeit des Mannes unterschätzt. Beldman war offensichtlich Wutausbrüchen ausgesetzt, und jetzt hatte er sie im Griff, und wenn er alle Duelle und Schlachten, die seine Wutausbrüche mit sich gebracht hatten, lange genug überlebt hatte, um so alt zu werden wie er, dann war sein Alter kein Zeichen von Schwäche, sondern von Schwäche vom Grad seiner Tödlichkeit. Der ärgerliche Gedanke kam ihm, dass er von diesem Ochsen getötet werden könnte.

„Zweiundzwanzig, einundzwanzig, zwanzig, neunzehn –"

Er bewegte ruhelos seine Finger und spürte in seinem Geist die Geschwindigkeit und Sicherheit seines Ziehens und Schießens. Diese große, klotzige Gestalt war nur ein weiteres Hindernis, das ihm im Weg stand und beiseite geschossen werden musste. Ein lauter Mund, den man schließen muss.

„Zehn, neun –" Er konzentrierte sich auf das Zählen, „ – sechs, fünf, vier – " Sicherheit wuchs wie eine gespannte Feder in jedem Muskel, „ – drei –" Er ging leicht in die Hocke. Diese klobige Gestalt, die den ganzen Rest der Welt ausmachte, war nicht mehr als ein Ziel. Ein großes Ziel.

„Zwei – eins – *Feuer*."

Es ist etwas Verwirrendes passiert. Als die Nachricht kam, schien es, als ob ein gewaltiger Schlag ihn irgendwo auf seiner linken Schulter traf und ihn herumwirbelte, sodass er sein Ziel nicht sehen konnte. Er wirbelte herum und zwang sich dazu, schnell noch einmal zu schießen, aber seine Beine gaben seltsam nach, als er sich umdrehte. Er schwankte und fand mit großer Anstrengung sein Gleichgewicht.

Eine schwere Kugel, dachte er und sah als verzögerte Erinnerung die federnde Geschwindigkeit, mit der Beldman sich bewegt hatte. Bryces linker Arm schien keine Verbindung zu seinem Geist zu haben. Als er kurz nach unten blickte, sah er, dass es baumelte.

Aber die Maggie war immer noch da, gehalten in der tauben, gefühllosen Hand, die schlaff auf den Boden zeigte.

Er fragte sich, ob er es schon abgefeuert hatte.

„Lass es fallen und falle hin“, riet ihm Pierces klare Stimme von irgendwoher.

Es gab eine Bewegung und ein Flüstern aus der verschwommenen Menge, die dastand und beobachtete, ob die Regeln eingehalten wurden. Beldman ging auf ihn zu.

„Beenden Sie das Duell?“ fragte jemand, wahrscheinlich der Zweite.

Beldmans verschwommenes Bild , und plötzlich kam er ins Blickfeld und ging auf ihn zu, die weitläufige Waffe unerschütterlich in der Hand. Bryce erinnerte sich an die Bestimmungen des Duells. Feuern Sie, bis einer niedergeschlagen und waffenlos ist. Über das Einhalten eines festen Abstandes wurde nichts gesagt. Beldman hatte vor, nahe genug heranzukommen, um ihm zwischen die Augen zu schießen. Es war zu spät, sich fallen zu lassen und das Duell zu beenden. Beldman würde schießen, wenn er sähe, wie Bryce jetzt zu fallen begann. Er war bereits nah genug für einen sicheren Kopfschuss.

Das Gefühl kehrte in seinen linken Arm zurück. Es baumelte ungewöhnlich weit und sah wahrscheinlich kaputt und nutzlos aus, aber eigentlich war daran nichts auszusetzen, nur etwas an seiner Schulter war gebrochen. Nach der ersten kalten Taubheit des Aufpralls kehrte das Gefühl zurück, es kribbelte in seinen Fingern und der Schmerz begann in seiner Schulter zu brennen. Bryce wartete noch ein paar Sekunden und spürte, wie die Kontrolle zu seinen Fingern zurückkehrte, ohne den glasigen Fokus seiner Augen zu verändern. Wie viele Duelle hatte Beldman auf diese Weise gewonnen? Der Aufprall eines dieser schweren Geschosse auf Knochen war ein vernichtender Schlag, der einige Männer betäuben konnte, und er rechnete wahrscheinlich mit dieser Wirkung.

Die viereckige Gestalt trottete näher, eine pummelige, schwerfällige Karikatur des Selfmademan, brutal stark, unverschämt fehl am Platz in der Gesellschaft der geschmeidigen, lächelnden, leicht erzogenen Menschen, denen er und Bryce beigetreten waren; ein Modell von allem, was Bryce in sich selbst zu zerstören versuchte.

Mit einer schnellen Drehung des Handgelenks schwang Bryce seine Handfläche nach oben, drehte die magnomatische Mündung in eine Linie mit ihr und schoss eine Kugel in das runde Gesicht.

In dieser Position seiner Hand drehte der Rückstoß des Schusses seinen Arm in seiner gebrochenen Schulter zurück und riss die Maggie aus seiner Hand, aber das spielte keine Rolle. Das Duell war vorbei.

Die regungslose Menge löste sich wieder in sprechende Personen auf, die gerade zum Mittagessen gingen.

Pierce hob die Maggie hoch und stellte die übliche Frage an diejenigen, die bleiben wollten.

„Wer von euch hat eine Beschwerde wegen Ungerechtigkeit oder Vorteilsnahme einer der beiden Parteien in diesem Duell?"

Die meisten von ihnen gingen und warteten mit ihren zeitraubenden Fragen auf das Eintreffen der Polizei, aber etwa zwanzig drängten sich dicht um Bryce und die Leiche. „Drücken Sie einen Daumen auf Ihre Schulter unterhalb des Schlüsselbeins , Mann", riet jemand Bryce. „Du blutest wie aus einem Wasserhahn."

Pierces klare Stimme übertönte das Murmeln und Schlurfen der Füße und übertönte die Standardwörter. „Da keine Ungerechtigkeit festgestellt wurde, kann man bei einer Zeugenaussage sagen, dass er in Notwehr und unter Zwang geschossen hat."

Man hörte leises Sirenengeheul.

Wer war dieser Charakter?", fragte Pierce später, während er neben dem Tisch saß, während ein Chirurg geduldig die drei oder vier zerbrochenen Teile von Bryces Schlüsselbein zusammenfügte und sie mit raffinierten Plastikbolzen befestigte.

Bryce beobachtete den Vorgang geistesabwesend in einem großen, über ihm hängenden Spiegel. Die Medizin langweilte ihn. „JH Beldman , Mitglied des Vorstands", erklärte er und fügte zugunsten des neben der Tür stehenden Polizisten hinzu: „So schlecht gelaunt sie auch sein mögen." Er blickte unruhig in den Spiegel und versuchte, sich auf sein Gesicht zu konzentrieren.

Seine Kleidung wurde von Blut gereinigt und irgendwo getrocknet. Als der Arzt mit dem Nähen und Flicken fertig war, duschte Bryce und zog sich in einem kleinen Umkleideraum neben der Notaufnahme an, wo er seine Kleidung ordentlich in einem Trockenschrank hängend vorfand.

Als er fertig war, kam ein Mann in Zivil herein, entließ den Polizisten mit einem Wort und überreichte Bryce einen gedruckten Zettel und seine Magnomatik ; „Du bist klar", sagte er und ging wieder mit einem freundlichen, halben Gruß. "Keine Gebühren." Die Polizei hatte bereits die Aussagen der Zeugen aufgenommen und die verwendeten Waffen überprüft. Es war ein faires Duell gewesen und der Überlebende war sich im Klaren darüber, dass es sich um eine Standardsituation zur Selbstverteidigung handelte. In der gedruckten Mitteilung wurde er aufgefordert , am nächsten Samstag bei der Untersuchung des Gerichtsmediziners zum Tod von JH Beldman auszusagen , es würde jedoch keine Anklage und keine Untersuchung geben.

Beldman würde es keinen Ärger geben , aber wer sonst wusste, was er gewusst hatte, dass Bryce Carter für die Korruption von UT verantwortlich war? Wie hatte er es gelernt? Wenn es jemand anderes wüsste, würde es Ärger geben.

Als er aus der Notaufnahme kam, schaute er auf die Uhr.

Eins fünfzehn. Zu spät, um Sheila Wesley noch bei Geiger's Counter zu finden. Aber er wusste, dass er sie an einem anderen Tag wiedersehen konnte – und mit einer guten Geschichte, um zu erklären, warum er beim ersten Mal nicht aufgetaucht war.

Sie aßen am nächstgelegenen Stand und machten sich wieder an die Arbeit. Der Versuch zu schreiben war fast unmöglich und selbst die Verwendung der linken Hand für kleinere Aufgaben war schwierig. Trotz der schnellen Heilung von Muskeln und Fleisch durch die Amino- und Nukleinsäurepulver, die der Arzt eingepackt hatte, schmerzte die Schulter mit einem Spannungsgefühl, das seine Koordination beeinträchtigte. Er begann, unbeholfen mit der rechten Hand zu schreiben.

Nach zwanzig Minuten hörte er auf, so zu tun, als würde er arbeiten, und begann nachdenklich mit der rechten Hand Übungszüge zu machen. Es war steif und unhandlich, und in seiner rechten Tasche befand sich kein Holster, das das Greifen erleichtert hätte. Als sich die Maggie das zweite Mal am Rand seiner Tasche verfing und ihm aus der Hand rutschte, ließ er sie auf dem Teppich liegen, wo sie hingefallen war, und saß da und betrachtete sie einen Moment nachdenklich. Heute war der Tag, an dem er Orillo treffen würde .

„Wie gut kommen Sie mit einem Vierrohr- Kabinenkreuzer zurecht?"

„Nur Sichtlinie. Ich bin kein Navigator", antwortete Pierce.

Bryce sagte nüchtern, als ihm klar wurde, was er beschlossen hatte: „Dies ist ein guter Tag, um einen Leibwächter zu haben, der gut schießen kann. Ich habe einen Termin, um einen Freund zu treffen – und ich bin mir nicht sicher, ob er ein Freund ist."

„Ich schieße", sagte Pierce und schrieb auf einen der Buchstaben, die ihm zugewiesen worden waren. „Gerne kommen wir dem Wunsch nach. Soll ich meine kugelsichere Kleidung tragen?"

„So etwas könnte man gebrauchen", sagte Bryce nüchtern.

Pierce blickte von den Briefen auf. „Wäre das der Mann hinter all diesen Kugeln, und Sie treffen ihn im Weltraum?"

"Ja."

„In gepanzerten Panzern mit schwerer Artillerie?"

"NEIN."

„Keine leichten und schweren Kreuzer. Keine Marines?"

"Nur du." Bryce lächelte über Pierces gespieltes Erstaunen. Er wusste, dass es dem Jungen völlig egal war, wohin Bryce ihn führte, solange am Ende ein Kampf ausbrach, und er überließ es Bryce, die Chancen zu wählen.

Die Chancen könnten ausgeglichen sein. Orillo selbst würde, wenn er mit Mord als Absicht käme, keine Zeugenhelfer mitbringen, und er würde von Bryce erwarten, dass er auch keine mitbringt. Oder wenn er Attentäter angeheuert hätte, wäre er nicht selbst gekommen, und sie wüssten nicht, wer sie angeheuert hatte, sondern man hätte ihnen gesagt, dass sie nur einen Mann erwarten sollten.

Die Geheimhaltung jedes Treffens im Weltraum ist praktisch absolut. Wenn es eine Sache gibt, von der der Raum reichlich hat, dann ist es Entfernung – Entfernung genug, um Dinge darin zu verlieren, Entfernung genug, um sich darin zu verstecken, Entfernung genug, so dass, selbst wenn man anhand aller Koordinaten weiß, wo sich etwas befindet, wenn es kleiner ist als Ein Planet, den man nicht finden kann, selbst wenn man dort ist. Um es grob auszudrücken: Was Raum hat, ist Raum. Und etwas zu finden, das nicht im Weltraum gefunden werden möchte, ist wie die Suche nach einem fehlenden Keim im Atlantik.

Er hatte die Koordinaten des Leuchtfeuers, das er als Terminpunkt ausgewählt hatte, und der Roboterpilot brachte ihn mit automatischer Präzision zu diesem Bereich. Dort angekommen musste er jedoch dreimal manuell durch die senkrechte Ebene des Erdäquators hin- und herkreuzen, bevor er den Radarpunkt der Boje aufspürte, der seine Anwesenheit durch eine kreisförmige Bewegung von Radarimpulsen auf einer entsprechenden flachen Ebene ausstrahlen sollte der äquatoriale Mittelwert der Erde.

Er fand es spätestens als erwartet, also über eine Stunde früher, nach dem Grundsatz, dass derjenige, der zuerst ankommt, keinen Hinterhalt findet.

Er überließ Pierce bestimmte Anweisungen und ließ sich vom Schiff zu dem vertrauten Globus treiben, der sich so ruhig an der Ankerstange drehte, mit der er an der Kontrollboje befestigt war. Die Kraft der Boje reichte aus, um die Umlaufbahnen von fünfzig solchen Globen mühelos steuern zu können. Bojen dieser Art erfreuten sich im Gürtel gerade erst großer Beliebtheit.

Sobald er drinnen war, öffnete er sein Visier und sah sich mit der gleichen Freude um, die er immer bei seinen Besuchen hier empfand. Es war, als wäre ich eine Zeit lang wieder am Belt. Nach der rohen Härte des Mondes und dem künstlichen Luxus seiner Städte, nach der agoraphobischen Weite der riesigen Erdoberfläche war es beruhigend und entspannend, in dieser kleinen, eng verbundenen, vertrauten Welt zu sein. Es war eine grüne Lichtung aus Blättern und Zweigen, Grün unter den Füßen und über ihm, eine braune Metallklippe mit Ranken und einer Tür zu seiner Linken, eine größere braune Metallklippe wie der runde Kopf eines Fasses mit Türen zu seiner Rechten und eine kreisförmige silberne Tür in der Mitte. Hinter der kleinen Klippe auf der rechten Seite befanden sich die wenigen erforderlichen Regulierungsmaschinen, hinter den Türen der größeren Klippe befanden sich eine kleine Küche und umwandelbare Arbeitszimmer. Hinter der silbernen Tür befand sich ein Korridor, der zur Luftschleuse und zum Weltraum führte. Von Klippe zu Klippe und von dem wachsenden Grün unter den Füßen bis zum wachsenden Grün über ihnen waren es zwölf Meter, so geräumig wie eine weite Lichtung in den Wäldern der Erde.

Er bahnte sich seinen Weg zwischen Ranken und Sträuchern zu einem teppichartigen Fleck aus grünem Moos und setzte sich bequem nieder, um zu warten. Pierce hatte das Schiff inzwischen außer Reichweite der Detektoren gebracht, und jedes näherkommende Schiff hatte den Eindruck, als sei er noch nicht angekommen.

Dort war es friedlich , keine Brise bewegte die Blätter. Zwanzig Fuß hoch oben, auf klaren Speichen aus Plexiglas in der Luft befestigt , strahlte die Kristallkugel, die die Sonne dieser kleinen Welt war, ihre wärmende Lichtflut aus, Sonnenlicht, das dem Sonnenlicht draußen entlehnt war und auf den Speichen aus Plexiglas hineingeführt wurde.

Er hatte ein Interesse an seiner Herstellung und hatte seinen Globus hier als kommerzielles Muster eines Weltraumglobus verankert , damit er wahrscheinlich von Siedlern besichtigt werden konnte. Es war etwas besser und kompakter, da es sich um ein neueres Modell handelte und in einem eiförmigen Rumpf untergebracht war, der nur sechsundvierzig mal sechsundsechzig Fuß groß war, aber im Wesentlichen ähnelte es allen Bauernhöfen und Häusern des Asteroidengürtels Es gab nichts Vergleichbares auf irgendeinem Planeten im Universum.

VII

Hinter der silbernen Tür klingelte plötzlich eine Glocke. Ein Raumschiff näherte sich.

Es war noch früh. Sie würden den Globus alleine sehen und annehmen, dass Bryce noch nicht angekommen war. Das Raumschiff selbst mag illegal bewaffnet sein, aber die Menschen darin würden den Globus nicht in die Luft sprengen, ohne sein Inneres zu überprüfen. Bryce warf einen Blick auf die silberne Tür in der Klippe und richtete seine Position so ein, dass er auf einem Ellbogen lag und seine Pistolenhand entspannt unter einem dünnen Blättervorhang lag. Der Magnomatiker zeigte nach oben zur Korridortür.

Zwischen dem Fuß der Klippe und ihm befanden sich ein paar hohe Büsche, aber die silberne Mitteltür befand sich fünf Fuß über eine Treppe und war gut sichtbar.

Vier Stufen führten strahlenförmig von der runden Tür zum Rumpf, wie die Speichen einer Achse, und alle führten „nach unten" zur Innenfläche der Kugel. Während er wartete, hörte er das leise Klirren von Magnetsohlen, die auf das Metall der Luftschleuse trafen, und dann das Türklingeln, das ankündigte, dass die Luftschleuse benutzt wurde. Jemand kam herein.

Er konnte ihre Handlungen im Kopf verfolgen und sie zeitlich festlegen. Jetzt schwebten sie im Vorraum, vor einer kreisförmigen Wand mit einer Tür, die sich lautlos und schnell drehte und die Tür in der Mitte sich langsam von einem Ende zum anderen drehte. Die Tür markierte die Drehachse. Durch die Mitte der Luftschleuse verlief eine Wendestange mit Griffen. Sie schwebten darauf zu und hielten es fest, um die Drehung aufzunehmen, bis sich das Vestibül um sie herum zu drehen schien und nur noch die kreisförmige Wand und die zentrale Tür stabil zu sein schienen. Dahinter befand sich der Korridor und dann die silberne Tür.

Die Tür in der Klippe öffnete sich lautlos. Darin standen zwei Männer in Raumanzügen .

Es war unglaublich, dass er sie hereingelassen hatte, ohne zu sehen, wie sich die Tür öffnete. Im ersten Bruchteil einer Sekunde sah er, dass keiner von ihnen Orillo war . Im zweiten Augenblick sah er, dass keine Waffen zu sehen waren, sondern dass eine leicht hinter der anderen stand und sein rechter Arm verborgen war.

Sie waren zufällig in einem Winkel zu seiner Orientierung, fast im rechten Winkel, zum Eingang gekommen, und sie waren für einen Moment verwirrt, bevor sie seine Form identifizierten, denn zu ihrer Orientierung würde er es tun, wenn sie Erdgedanken dafür verwendeten scheinen sich mit dem Kopf nach unten auf einem fast senkrechten Hang zu neigen. Er nutzte die Verzögerung, um seine Waffe unter den Blättervorhang zu bewegen und sie ins Visier zu nehmen.

Sie blickten umher und sahen ihn. „Herr Carter?“ fragte der Erste. Ihre Visiere waren immer noch geschlossen und ihre Stimmen durch die Übertragung über den Helmlautsprecher leicht verzerrt, aber er konnte einen überraschten Ton hören. Während der erste sprach, bewegte der zweite leicht seinen versteckten Arm, als würde er etwas halten.

Bryce drückte den Finger nicht fester auf den Abzug. Dabei könnte es sich um bloße unschuldige Schaulustige handeln. Die Position seines Kopfes, der im Verhältnis zu ihrem fast auf dem Kopf stand, verwirrte sie wahrscheinlich, obwohl sie mit ziemlicher Sicherheit Trimensionsfotos von ihm studiert hatten. Jedenfalls war ihnen wahrscheinlich bewusst, dass sie wie Zielscheiben in der Tür zum Korridor standen und nicht in der Stimmung sein würden, die Aktion aufzuschieben.

„Nehmen Sie Ihre Helme ab, meine Herren, fühlen Sie sich wie zu Hause.“ Es war ein teilweises Eingeständnis, dass er der Mann war, den sie wollten, aber nicht sicher genug für eine Entscheidung. Er sah das Zucken der Schulter, das bedeutete, dass die versteckte Hand des Zweiten in einem Moment der Unsicherheit zuckte, und er glaubte, etwas unter dem Arm des Ersten glitzern zu sehen – der alte Trick, unter dem Arm eines Freundes hervorzuschießen …

„Mr. Bryce Carter?“ der vorderste fragte noch einmal.

Bryce lächelte. „Nein, Pierce“, sagte er. Als er eintrat, hatte er den Zwei-Wege-Lautsprecher eingeschaltet und auf das Schiff eingestellt.

Sofort ertönte die Stimme im Korridor hinter ihnen. „Steh still. Du bist gedeckt.“

Es bestand keine Chance, dass wirklich jemand hinter ihnen sein konnte, aber der hintere wirbelte herum und schoss erschrocken in den dunklen Korridor, und der andere sprang seitwärts von der Tür herab, zog seine Waffe mit verschwommener Geschwindigkeit und richtete sie auf Bryce als seine eigene Die Füße haben noch Kontakt mit dem Fensterbrett. Er fiel langsam, schwebte fast, und es hätte ein einfacher Schuss sein sollen, wenn er nicht etwas offensichtlich vergessen hätte, sonst wäre er nie gesprungen.

Bryce ignorierte ihn als Gefahr und warf drei Schüsse auf den anderen, der immer noch erschrocken und aus dem Gleichgewicht geraten im Korridor stand und mit seiner unerfahrenen rechten Hand drei Schüsse abfeuerte, um sicherzustellen, dass er auch nur einen platzierte. Die Gestalt verschwand im Korridor und verschwand.

In der Zeitspanne, in der Bryces Blick von dem Fallenden abgewandt war, begann sich die Sprungbahn des Mannes seltsam zu krümmen, bis er nun in einer Kurve zu schweben schien, seitwärts und nach oben fliegend, immer schneller, je näher er kam Die Schale. Die Regel der Impulserhaltung setzte sich durch. Während er versuchte, Bryce lange genug im Visier zu behalten, um zu schießen, schien es den benommenen Augen des Mannes so vorgekommen zu sein, als ob sich der Boden auf unerklärliche Weise zu drehen und vorbeizurutschen begann, als würde sich plötzlich die ganze Granate wie ein großes Rad um ihn drehen und tragen sein Ziel an der Wand hoch und über seinen Kopf hinweg.

Er hatte fast den Boden erreicht, als ein Busch sich vor seinen Füßen verfing und sie mit einem Knistern der Äste unter ihm wegriss und die untere Stufe einer Treppe wie eine riesige Keule an seinem Kopf schwang. Zwischen dem plötzlichen Splittern der Äste und dem Knacken der Ranken war ein knirschender Aufprall zu hören, der endgültig klang.

Für jeden innerhalb eines Globus schien es sich normalerweise nicht zu drehen. Das einzige Anzeichen dafür war die angenehme Pseudoschwerkraft für jeden, der auf Hüllenhöhe stand. Aber für diejenigen, die sich dem Boden über den helleren G-Korridor näherten, waren die Treppen notwendig – Treppen, deren Stufen in der Mitte seltsamerweise in einem flachen U abgesenkt waren. Durch die Abstützung auf einer Seite des U beim Abstieg und auf der anderen beim Aufstieg wurde man nahm unsichtbar genug Geschwindigkeit auf, um der Geschwindigkeit auf Bodenniveau zu entsprechen. Springen war gleichbedeutend mit einem Sprung aus einem fahrenden Auto mit einer Geschwindigkeit von zwölf Fuß pro Sekunde, den sechzehn Fuß pro Sekunde, der Hälfte des Korridors plus einer zusätzlichen Drehung von dreißig Fuß pro Sekunde, der seitlichen Gleitgeschwindigkeit eines Sturzes von achtzehn Fuß , wo es ausgesehen hatte fünf.

Bryce kam zu dem Schluss, dass es wahrscheinlich diese zusätzlichen Distanzen in der Luft waren, die die Vogelflüge manchmal so verwirrend unterschiedlich in Geschwindigkeit und Richtung erscheinen ließen. Er hatte vorher nicht gedacht, wie schwierig es sein würde, einen geraden Kurs von einer Seite der Welt zur anderen zu bestimmen.

Er wartete auf ein Zeichen einer Bewegung, sein Magnomatikgerät war bereit, und er blickte zu dem Schützen hoch, der über ihm lag, zwölf Meter entfernt, auf der anderen Seite des Globus. Die schlaffe Gestalt regte sich nicht, sie schien stark in Ranken verstrickt zu sein, und ihre Waffe war verschwunden. Es war nicht nötig zu schießen, aber er fragte sich plötzlich, welcher Kurve die Kugel dann gefolgt wäre, wenn er es getan hätte?

Von dem anderen war kein Laut zu hören, aber Bryce zögerte, die Treppe hinaufzusteigen, und steckte seinen Kopf über den Boden des Korridors. Eine Stimme könnte für einen Schnappschuss die andere Richtung vorgeben, wenn er darauf wartete. Bryce kam zufällig zu Wort.

„Das hier habe ich, Pierce. Wie geht es dem anderen?"

Der Fernsehzuschauer in der Eingangshalle antwortete: „Liegt auf dem Rücken und hat seine Waffe einen Meter entfernt. Geht es dir gut ?"

"Ja." Bryce umrundete den Globus und suchte in den Ranken nach der fehlenden Waffe von Nummer Eins. Die Leiche im Raumanzug in der Nähe war ganz eindeutig eine Leiche. Etwas weiter entfernt sah er die Waffe glitzern, hob sie auf und wischte Blattbrei auf einem sauberen Moosstück ab. Es handelte sich um einen robusten Schnuller der Polizei, einen Fernbetäuber, der auf einen schmalen Strahl eingestellt war.

Er kletterte zum Korridor und sammelte die andere Waffe ein. Es war auch ein Schnuller der Polizei. Damals hatten sie nicht vorgehabt, ihn direkt zu ermorden, sondern nur, ihn zu betäuben und an Orillo , COD, auszuliefern

„Wie geht es dir mit ihrem Schiff?" Bryce fragte: „Ist es bewaffnet?" Die Bewaffnung von Raumschiffen war illegal, und eine sorgfältige offizielle Kontrolle machte sie selten.

„Ich habe nicht darauf gewartet, es zu sehen", ertönte Pierces Stimme entschuldigend nach einer Pause, in der ein Hintergrundgeräusch, das wie ein Krach klang, über den Lautsprecher des Fernsehgeräts ertönte. „Als ich in Sichtweite kam, begann es herumzuschwingen, also habe ich es einfach mit diesem hübschen Ziernasenstachel gerammt. Ich ziehe mich jetzt mit den vorderen Bremsdüsen zurück."

„Dann ist derjenige, der sich darin befindet, wahrscheinlich entweder raumgefroren oder gekocht. Lenken Sie das Schiff auf dem Dorn herum und schieben Sie es vier Minuten lang in Richtung Erde. Drücken Sie dann den Knopf, der die Zierflügel am Dorn zusammenfaltet, und lassen Sie ihn los, wenn Sie mit dem Bremsen beginnen. Ich möchte nicht, dass hier Schiffskolosse herumschwirren.

„Aye-aye, Cap."

„Fahren Sie mit den Bremsdüsen langsam, wenn Sie losfahren. Die Rückspülung könnte Ihren Rumpf berühren."

Pierce kehrte zurück und kam herein, um Bryce zu helfen, die Leichen durch die Luftschleuse und in den Weltraum zu ziehen.

Sie stemmten sich gegen die silberne Kurve des schwebenden Raumschiffs und gaben dem Körper einen kräftigen Stoß in Richtung Erde. Es drehte sich langsam von einem Ende zum anderen und schrumpfte zu einem dunklen Fleck vor der leuchtenden Kugel der Erde zusammen, der dazu bestimmt war, ein Meteorit zu werden und einige Tage später einen kleinen hellen Streifen am Himmel der Erde zu hinterlassen.

Wenn die Rohre verstopfen, läuft der Kraftstoff nach unten, und die Kälte dringt bis zu meinem Liegeplatz ein.

Pierce rezitierte, als sie zurück in die Kugel gingen, um die zweite Leiche zu holen.

Ich werde der Spur des Meteors folgen – nach Hause zur Erde gehen und ein Wikingerbegräbnis am Himmel veranstalten.

„Das ist zu einfach", beschwerte sich Bryce, während sie zusahen, wie die zweite Leiche aus ihrem Blickfeld verschwand. „Das Problem ist, dass im Weltraum alle Leichen Delikte sind. Das ist ein Anreiz. Schieße deine Feinde ab."

„Das Gaucho-Land hat sich unter diesem System gut geschlagen", sagte Pierce düster, „und die amerikanische Grenze auch." Er schwebte bewegungslos, eine Gestalt in einem Raumanzug, der sich der graugrünen, nebligen Erdkugel zuwandte, die vor dem schwarzen, mit Sternen übersäten Himmel leuchtete, als hätte er die Hand ausstrecken und sie berühren können. Die Sonne fing den Planeten auf seiner Tageshalbkugel ein und spiegelte sich strahlend auf einer schattigen blauen Wasserglasur, die das Mittelmeer darstellte, und verwandelte die Hälfte davon in weißes Feuer.

Bryces Kopfhörer empfingen Pierces Stimme erneut. „In den Grenzgebieten geborene Nationen blicken immer zurück und sagen, dass die ersten Jahre die besten waren."

Die Worte berührten etwas, das Bryce schon einmal gefühlt hatte. Er blickte auf die Erde, die prächtig im Weltraum hing. Es war wunderschön und er mochte es, aber – Er sagte: „Ich glaube nicht, dass wir jemals zurückkehren werden." Auch die Menschheit selbst würde es nicht tun. Nie wieder – trotz aller Eroberungen seit diesem Zeitpunkt – würde die Menschheit wieder in das Netz der Schwerkraft zurückfallen und ein dünner Film über der Oberfläche eines Planeten sein.

„Gib der alten Erde ein Lächeln, Bryce, wir sind geschlüpft.“

Einen Moment länger blieb Bryce hängen und beobachtete, wie sich die Erde unter ihnen drehte. Das Management von UT war dort unten. Er würde verdammt werden, wenn er ihnen erlauben würde, zu glauben, sie könnten ihm sagen, was er tun soll, oder dem Gürtel sagen, wo eine Linie verlängert und eine Kolonie gepflanzt werden sollte. Der Gürtel gehörte seinem Land, nicht ihnen. Der Raum gehörte den Menschen, die darin lebten.

„Keine Besteuerung ohne Vertretung“, sagte Pierce irrelevant, als hätte er Bryces Gedanken gelesen. Sie flogen zurück zum Schiff und in die Raumschleuse .

„Grenzland –“, sagte Bryce, als er die Kabine der Drehtür betrat. Durch sanftes Spannen der Gummibänder wurde er in der menschenförmigen Form in Position gebracht. „Was ist für dich eine Grenze, Roy?“ Als er an Ort und Stelle war, schloss sich die andere Hälfte der gummiartigen, luftdichten Form um ihn und der luftdichte Zylinder drehte sich und beförderte ihn in das Innere des Schiffs. Er drückte ungeduldig auf den Knopf, damit es sich für Pierce zurückdrehte, aber es blieb hartnäckig offen, und sein Servo weigerte sich, sich auf eine mit Luft gefüllte Form zu schließen und die Luft zurückzudrehen, um sie in den Weltraum abzugeben.

Bryce erinnerte sich damals. Wenn er alleine flog, musste er sich darum nicht kümmern, denn beim Ein- und Aussteigen befand er sich immer in der Tür, wenn diese sich drehte; es wurde nie leer. Neben der Tür hing an einem Haken ein aufgeblasener Druckanzug, komplett mit Handschuhen, Stiefeln und Helm. Bis auf das Fehlen jeglicher Anzeichen eines Kopfes oder Gesichts im dunklen, durchsichtigen Helm sah es aus wie ein ausgewachsener Mann. Bryce streckte die Hand aus, legte sie in die Form und sah grinsend zu, wie sich die Form schloss und die Tür rotierte und die Menschenform an einen entsprechenden Haken in der Raumschleuse beförderte . Die Puppe war bei allen Raumfahrern als Hector Dimwitty bekannt , und jedes Schiff hatte eine oder zwei. Über die Abenteuer der Hectors kursierten tausend Geschichten und Witze, die meisten davon anzüglich und einige davon wahr.

Pierces Antwort ertönte in seinen Kopfhörern: „Eine Grenze ist der Ort, an den Menschen gehen, wenn sie jung oder pleite sind oder wenn die Polizei hinter ihnen her ist.“

„Richtig. Angenommen, ich setze die Pleite aufs Spiel, leihe ihnen Transportmittel und biete den nicht registrierten Flüchtlingen Sicherheit an, damit sie Post erhalten und Vorräte kaufen können?“

"Du machst das?" Pierce trat aus der Tür und sie nahmen ihre Helme ab.

„Ja, wenn ich mein eigener Herr bin und nicht für UT arbeite.“

„Wenn du das tust, holst du zehnmal so viele Pleite , die sich dort niederlassen wollten, und –“ Pierce begriff plötzlich, als er leise sagte: „Sie sind auf dich angewiesen. Mit Handschellen an dich gefesselt und beten für dich.“ Ihre Gesundheit und Ihr Wohlstand, solange Sie ihre Kredite und Geheimnisse behalten, denn mit Ihrem Tod oder Ihrer Insolvenz könnte ein anderer Mann zu Ihren Büchern kommen, um die Aufzeichnungen Ihrer Kredite zu lesen, die Zahlung zu verlangen und die Geheimnisse der Polizei zu geben oder sie zu behalten für seine Erpressung. Aber um es zu tun, muss man das Risiko eines Mordes oder einer Verhaftung in Kauf nehmen und einen hohen Aufwand an harter Arbeit und Geld in Kauf nehmen. Warum willst du das tun? Welche Bezahlung nimmst du?“

„Sie bezahlen, indem sie meine Männer sind, dankbar und bereit, mich zu unterstützen, wenn ich später Hilfe brauche. Sie müssen nicht dankbar sein, denn sie wissen, dass ich jedes Darlehen zurückfordern kann, wenn der Eigentümer mir in die Quere kommt, und ich habe eine gebaut.“ Ruf für einen gelegentlichen Anfall von irrationalem Temperament, der bedrohlich genug ist, dass jeder es vermeiden kann, mir in die Quere zu kommen, ohne das Gefühl zu haben, dass ich sie bedrohen oder zwingen wollte. Was die Flüchtlinge betrifft, so bezahlen sie genug, indem sie wollen, dass der Gürtel als eine von ihnen unabhängige Nation organisiert wird Erde, damit die Hand des Gesetzes sie nicht ausstrecken und zurückziehen kann und sie durch offene Geschäfte reich werden können, durch die Millionen Chancen auf Reichtum, die um sie herum im Gürtel liegen. Sie wissen nicht, dass sie wollen Das ist noch nicht der Fall, aber sie werden es sehen, wenn es ihnen gesagt wird. Ich kann nichts davon jetzt tun – es ist ausgesetzt, solange ich Teil von UT bin und das tote Gewicht von zehn erdverbundenen Konservativen mitschleppen muss mich bei jeder Entscheidung.“

VIII

Er hielt inne, um dem Roboterpiloten die Koordinaten des Mondes einzugeben, merkte aber, dass er immer noch reden wollte. „Der Mensch hat den Weltraum erreicht – glauben Sie, dass er jemals wieder auf die Erde zurückkehren wird? Im Weltraum hat er Schwerkraft nur dann, wenn er sie will, und jede beliebige Schwerkraft, je nachdem, wie schnell er sein Haus dreht. Und keine Schwerkraft wenn er das will. Sehen Sie, was das für Ingenieure bedeutet, wenn es darum geht, Dinge zu bauen? Kein Gewicht beim Transport, kein Gewicht beim Reisen, unbegrenzte Geschwindigkeit und fast keine Kosten, solange er sich von den Anziehungskräften des Planeten fernhält. Sein Haus ist in der Himmel, und wenn er aus ihm heraustritt, kann er fliegen wie ein Vogel. Und Nahrung. Um Nahrung anzubauen, gibt es Sonnenlicht, von dem die Erde nie geträumt hat. Für Wärme und Kraft gibt es Sonnenlicht, das gebündelt werden kann. Der Weltraum ist von Hitze durchflutet, von Kraft bestrahlt –

„Es ist kein Kinderspiel, es zu zähmen, und die Menschen am Boden sehen es noch nicht. Aber der nächste Schritt der Menschheit führt in den Weltraum, und er kommt nie wieder zurück."

Pierce, der in einem der Shock-Tank-Sessel saß, fragte: „Welchen Anteil haben Sie daran?"

Bryce sah ihn fast überrascht an, als wäre er aus großer Entfernung zurückgerufen worden. "Mich?" Er lachte, ein wenig beeindruckt von der Größe des Ziels und der Leichtigkeit, mit der es erreicht wurde ... „Erster Präsident des Gürtels und politischer Chef auf Lebenszeit. Das reicht."

Genug, um das Sonnensystem in seiner Handfläche zu halten, wenn er wollte. Wer den Weltraum regiert, regiert die Planeten. Es war das erste Mal, dass er jemandem gegenüber sein Ziel erwähnte.

Roy Pierce fragte: „Was mache ich mit deinem ‚Freund', der Fallen legt?"

Der letzte Angriff hatte die Frage geklärt, wer hinter den anderen Angriffen steckte und wer Beldman davon erzählt hatte , aber Orillo würde immer noch ein nützlicher Schachspieler sein. Alles, was nötig war, war, seinen Mordversuchen etwa einen Monat lang zu entgehen, bis die Partnerschaft sie zu sehr aneinander band, um einen Mord zu begehen.

Bryce erklärte Pierce einiges davon, indem er ein Schachbrett aufstellte, um sich die Zeit bis zu ihrer Rückkehr in Moonbase City zu vertreiben.

„Was ist meine nächste Aufgabe?" fragte Pierce, als sie schon mehrere Züge im Spiel hatten.

Bryce erinnerte sich an eine Gefahr, vor der er keine Anstalten gemacht hatte, sich zu schützen. „Der Vorstand hat einen Psychologen, einen Gedankenjäger, engagiert, um herauszufinden, wer die Untergrabungen durchführt. Er gehört zur Manoba- Gruppe. Merken Sie sich den Namen, schlagen Sie nach und finden Sie heraus, welche Methoden sie anwenden, wie Sie sie erkennen und was Sie zurückmelden können." etwas dagegen tun.

„Ich werde mich um ihn kümmern", sagte Roy Pierce abwesend und bewegte seinen Springer, um Bryces Läufer zu bedrohen.

„Kein unnötiger Ärger. Denken Sie daran, ich muss meinen Namen sauber halten." Bryce zog einen Bauern einen Schritt weiter, um den Läufer zu decken und Platz für seinen anderen Läufer zu schaffen, um den Springer zu bedrohen.

„Ich werde vorsichtig sein. Es wird keine Werbung geben. Er wird nicht verletzt", sagte Pierce und brachte den Ritter in Bryces zweite Linie, wo er den König und eine in die Enge getriebene Burg bedrohte. "Überprüfen." Und er fügte hinzu, als würde er sich dafür entschuldigen, dass er seinen Umzug verzögert hatte: „Ich ziehe nicht gern um, bis ich sicher bin, was los ist."

Die Bemerkung schien nicht zum Spiel zu passen, als hätte er sich auf etwas anderes bezogen.

Während des Abendessens auf dem Mond entspannten er und Pierce sich zum ersten Mal seit dem Hinterhalt. Pierce hatte sich seit der Schachpartie auf dem Rückweg vergleichsweise still verhalten, und auch Bryce hatte wenig zu sagen, sei es nun aus Mitleid mit ihm oder in einer natürlichen Parallelstimmung. Aber jetzt hatte sich die Spannung gelegt und mit der Anregung aromatischer Speisen konnten sie aus ihrer Depression emotionaler Feierlichkeit herauskommen.

Die Dekorationen des Speisesaals waren üppig. Während sie aßen, wurde der Materialismus ihres Lebens verstärkt. Von der mit Silber und Gobelin geschmückten Wand bis zur Wand herrschte hier Leben, zurückhaltend vor Aufregung in der Mischung aus gedämpften Gesprächen und der wechselnden Kunstfertigkeit von Licht und Musik. Ihr Tisch befand sich fast in der Mitte der Inseln aus Tischen und Topfbäumen, und um sie herum waren die Gäste, deren Stimmen sie beide ansprachen und sie mit sanften Zügen aufforderten, ihren Widerstand aufzugeben, und sie in das Meer einfacher Freuden lockten.

„Wir sind uns etwas Spaß schuldig, Bryce."

Bei Pierces Worten richtete Bryce seinen Blick auf das Gesicht auf der anderen Seite des Tisches. In diesen Worten lag ein Hauch von Ernst; eher eine Aussage als ein Vorschlag.

Pierce lächelte schief, holte ein Fläschchen aus seiner Tasche und goss es in sein Getränk. Er drehte die leere Flasche zwischen Daumen und Fingern.

„Wir sind uns etwas Spaß schuldig", wiederholte Pierce. „Wir haben heute Abend nichts auf dem Spiel, nichts Wichtiges zu tun. Es ist ein guter Abend zum Experimentieren."

Die warmen Stimmwellen, die Bryces Geist berührten, ließen plötzlich nach und hinterließen einen Schauder. Mit instinktiver Vorsicht dachte er an Hypnotika und Single-Shot- Süchtige .

Pierce konnte den emotionslosen erstarrten Gesichtsausdruck des anderen nicht übersehen haben. Er drehte immer noch beiläufig das Fläschchen und begann zu erklären. Es handele sich um eine neue Droge, die bei einem Stamm in Zentralafrika gefunden worden sei. „Ich habe schon seit einiger Zeit davon gehört und was Sie vor einiger Zeit erwähnt haben, hat mich daran erinnert."

Bryce bemerkte den versteckten Hinweis. Zentralafrika – und die Manoba-Gruppe. Pierce hatte den Gedankenjäger also nicht als ein leicht zu lösendes Problem aus seinen Gedanken verbannt.

„Es befindet sich noch in der Testphase", fügte Pierce hinzu. „Aber einiges davon kursiert unter Medizinstudenten. Die Tests haben interessante Auswirkungen. Und wie gesagt, heute Abend ist ein guter Abend zum Experimentieren, es heißt B'nyab ." i'io .

Die Kälte in Bryces Kopf und Rücken taute auf. „Du betrügst mich nicht?" Er sagte es mit einem Grinsen, aber die Frage hatte eine Schärfe, die eine Antwort verlangte.

Pierce gab es ihm, für einen kurzen Moment todernst. „Man könnte nicht süchtig werden, wenn man darin schwimmt."

Bryce glaubte ihm. Er starrte auf das Glas. „Was macht das mit dem IQ? Wir müssen heute Abend hier und da ein paar Informationen sammeln. Ich möchte lesen und sprechen können." Er lächelte schief. „Das heißt, nicht schlimmer als sonst."

„Erhöht entweder den IQ oder lässt es in Ruhe."

„Was ist der Effekt?"

„Es betrifft verschiedene Menschen auf unterschiedliche Weise. Nachdem ich die Berichte gehört habe, würde ich gerne sehen, wie es uns trifft." Pierce schob es ihm grinsend entgegen. „Lass mir die Hälfte übrig."

Bryces vorsichtige Gedanken drehten sich um Gift, Immunität und Mord, aber innerlich begann er, sich über seine eigenen Misstrauensgewohnheiten lustig zu machen. Doch bevor er nach dem Glas greifen konnte, schnaubte Pierce kurz, als würde er seine Anmaßung anerkennen, und trank zuerst seinen eigenen Teil aus.

Dann hob Bryce das kalte Glas an seine Lippen.

Als er es ablegte, spürte er, wie sich die Veränderung in seinem Blut ausbreitete, wärmend und entspannend wirkte und die Erinnerungen an Vergnügen und gute Zeiten näher brachte. Das Restaurant wirkte nun völlig verführerisch, und die Stimmenflut klang angenehm in seinen Ohren und rief ihn dazu auf, sich der Welt und ihren Angeboten an unkomplizierten Genüssen anzuschließen. Er spürte, wie er mit der ätherischen Hintergrundmischung aus Licht und Klang verschmolz.

„Das gefällt mir", entschied er.

„Wir sollten uns Notizen machen." Pierce lächelte, als er das leere Fläschchen wieder in seine Tasche steckte.

Am nächsten Tag blickte Bryce mit Freude auf diesen Abend zurück. Alle waren außergewöhnlich nett, freundlich und rücksichtsvoll gewesen, und Pierce hatte immer das richtige freundliche Wort und die richtige Geste parat, um sie zu belohnen, indem er für Bryce sprach und sich in den Städten des Mondes zu den richtigen Orten auskannte, um die Informationen zu finden, die sie suchten, und stets das Wort ergriff für Bryce Carter, seinen Arbeitgeber, der ihm die Dinge besorgte , die er wollte, und die Befehle erteilte, die er erteilen wollte, bevor Bryce überhaupt erkannt hatte, dass er sie wollte. Bryce hatte die ganze Zeit über nichts sagen müssen außer „Richtig. Das ist es", und alles lief so, wie er es wollte.

„Ein perfekter Mann für die linke Hand", lächelte er, streckte sich und drehte den Polarisationsregler, um das Sonnenlicht hereinzulassen.

Das Telefon hat geklingelt. Er nahm es in die Hand und der Angestellte an der Rezeption sagte mit respektvoller, gedämpfter Stimme: „Acht Uhr, Mister Carter."

Aus irgendeinem Grund kam ihm die gedämpfte Stimme komisch vor. „Danke, ich bin wach." Er legte auf und streckte sich erneut. Es war beruhigend, jemanden zu haben, der darauf achtete, dass er pünktlich erschien, und sei es nur im Hotel. Das Hotel hatte ihm viele gute Dienste geleistet. Er war plötzlich dankbar für all die Freuden, den Luxus und die kleinen Dienste, mit denen sie ihn umgaben. Es war ein guter Ort. An diesem Morgen ging es ihm gut. Vielleicht weil die Sonne so hell war...

Ihm gefiel der Blick der Leute, die in der Lobby vorbeikamen, als Pierce sich zu ihm gesellte, und ihm gefiel der Blick der Passagiere in den U-Bahnen auf dem Weg zum Büro. Sie wirkten alle freundlicher. Und als er durch die zweite Glastür sein Büro betrat , gefielen ihm der klare Glanz des Glases, die satten Farbmischungen, die weichen Teppiche, die grau strukturierten Schreibtische und das leise, effiziente Summen der laufenden Arbeiten.

Normalerweise ging Bryce mit einem geschäftsmäßigen Nicken an Kesbys Büro vorbei, aber Pierce lächelte herein und blieb einen Moment bei Bryce stehen. „Guten Morgen, Kesby. Wir freuen uns, Sie zu sehen." Es war wahr genug und drückte aus, was er fühlte.

Kesby ein Grinsen über die Unverschämtheit des Jungen aus und ging dann weiter in sein Büro.

Es war ein guter Tag.

Es war ein guter Tag für das, was er tun musste.

Im Luxus seines inneren Büros ließ er sich in den tiefsten, weichsten Stuhl sinken, ließ seinen Cousin aus Montehedo die Post sortieren, stimmte den Handlungsvorschlägen des Jungen zu oder erteilte manchmal seine eigenen Anweisungen, wobei er sich nur zur Hälfte auf die Routine des Tages konzentrierte Geschäft, sich auf Pierce verlassen und die andere Hälfte auf die zu erledigende Tat konzentrieren. Der Plan war in seinem Kopf verankert, aber er musste Änderungen vornehmen.

Er war sich der verstreichenden Zeit kaum bewusst, während er, kaum bewegt, in seinem Stuhl lag, während Pierce mit Höchstgeschwindigkeit arbeitete.

Um ein Uhr war das Deck einsatzbereit.

Bryce stand auf, streckte sich und schaute noch einmal auf die Uhr. Es war 1304 Stunden. In etwa einer weiteren Stunde war ein Telefongespräch geplant, danach fünf weitere im Abstand von etwa einer halben Stunde.

„Bestellen Sie uns etwas zu Mittag, Pierce, bevor ich die Zugbrücke hebe."

Das Essen kam herein, als er seine Mitarbeiter anwies, sie für den Rest des Nachmittags ungestört zu lassen.

Als sie mit dem Essen fertig waren, war ihre Isolation vollständig. Das Büro war jetzt ein Kommandoposten, nur noch die dünnen, unbeaufsichtigten Telefonleitungen verbanden es mit der Außenwelt.

Bryce ging hinter seinen Schreibtisch. Er zog das Telefon zu sich und wählte eine Nummer. Irgendwo im verschlossenen Safe klingelte das Telefon.

Aus dem Koffer nahm er ein Spielzeugtelefon mit Wählscheibe. Pierces Augen waren darauf gerichtet, seine Augenbrauen hoben sich fragend, aber Bryce gab keine Erklärung ab. Dem Jungen standen eine Reihe von Überraschungen bevor. Und wenn es vorbei war, wüsste er alles ohne jede Erklärung und es wäre zu spät, sich einzumischen.

„Hallo Al", sagte Bryce zu dem aufgenommenen „Ja?" am anderen Ende. Er wählte eine Nummer auf dem Spielzeugzifferblatt, wobei der eine

Empfänger auf dem Rücken des anderen lag. Nach dem üblichen Ritual sagte Bryce: „Hallo George, wie geht es dir?"

Das ist es, dachte Bryce. Dies war der erste Teil des letzten Schlags für UT. Und das einzige Instrument, das er für seine herrlich einfache Methode brauchte, war ein Telefon. Ursprünglich hatte er sechs kurze Warnrufe an die sechs Schlüsselnummern der Bodenorganisation geplant. Er sagte ihnen, sie sollten sich weigern, irgendetwas aus den Händen der UT-Filiale anzunehmen, und den Kontakt zu ihnen sofort abbrechen, nachdem sie Bargeld für verschiedene Gegenstände angenommen hatten. Das würde die Bühne bereiten.

Die Polizeifalle würde allen Mitgliedern des UT-Zweigs der Organisation zufallen, während sie mit einem Maximum an belastenden Gegenständen überlastet wären, die sie in zu kurzer Zeit entsorgen müssten. Dann würde sein anonymer Hinweis an die Polizei kommen. Er würde sie darüber informieren, dass bestimmte Mitarbeiter von UT in einigen aufgeführten Städten dabei ertappt würden, große Mengen Drogen zu schmuggeln. Die Sache wäre so einfach. Und das ganze Werk würde mit der Effizienz der berechneten Explosion einer Kernreaktion explodieren.

Das war sein ursprünglicher Plan gewesen.

Aber jetzt wäre alles anders. Der Morgen im Sessel hatte seine Herangehensweise verändert. Das neuere, ausgefeiltere Programm, das immer noch bemerkenswert einfach ist, würde die gesamte Struktur innerhalb von UT ohne die Hilfe der Polizei zum Einsturz bringen, sondern allein, indem er es ohne die Hilfe von irgendjemandem plante, initiierte und ausführte. Nicht einmal Pierces.

Er hörte sich selbst sagen:

„Hier ist ‚Hallo George'. Hören Sie mir zu und unterbrechen Sie mich nicht.

„Jemand hat geredet. Ich bin selbst betrogen worden. Verstehst du das? Hallo George, ist am Ende. Im Moment zapfen die Bullen diese Leitung ab. Für mich macht es jetzt keinen Unterschied. Aber für dich schon. Das ist es Eine offene Warnung von Hallo George an Sie. Sagen Sie es weiter. Ich werde weiter telefonieren, bis sie bei mir einbrechen und diese Leitung unterbrechen.

„Verbreiten Sie in der Zwischenzeit die Nachricht. Brechen Sie die Verbindung zu mir und der gesamten Organisation ab. Gehen Sie außer Reichweite, bevor die Falle zufällt. Aber geben Sie diese Warnung zuerst weiter."

„Ich wehre mich kurz gegen eine Befragung. Irgendwann wird mich die Polizei natürlich kriegen Bewegen Sie sich schnell. Verbreiten Sie die Nachricht.

Bryce hielt inne und zwinkerte Pierce zu, der neben ihm stand. „Irgendwelche Fragen? Ja, ich bin sicher. Natürlich bin ich mir sicher. Noch Fragen? Viel Glück, okay."

Er hat aufgelegt.

Wie Cäsar einmal sagte: Die Würfel rollten.

Pierce, der die ganze Zeit über an seiner Seite stand, stand einfach da, seine Augen weit aufgerissen und sein Gesicht scharf vor Neugier und Ungläubigkeit, sein Körper zuckte ab und zu vor der ansteckenden Aufregung, die den Raum erfüllte. Diese Aufregung war da gewesen, obwohl Bryce es sich nicht erlaubt hatte, sich ihr in irgendeiner sichtbaren Weise hinzugeben. Er hatte Pierce eine neue Facette seiner Operationen gezeigt, eine, die Pierce nicht sofort vorhersehen konnte, eine, bei der nur er, Bryce, die schnellen Entscheidungen treffen und die von ihm verlangten sofortigen Reaktionen abschätzen konnte.

Das war beim ersten Anruf.

Mit dem zweiten Beitrag begann Pierce, einen Beitrag zu leisten, und meisterte die Situation, wie er es in der Vergangenheit so oft und schnell getan hatte. Er begann zwischen den Anrufen auf und ab zu gehen, rauchte heftig und lachte leise.

„Sagen Sie ihnen , dass die Polizei die Tür aufbricht", schlug er beim dritten Anruf vor. „Angenommen, Sie sind hypnotisiert und halten der Befragung höchstens fünf Tage, wahrscheinlicher zwei Stunden, stand."

Seine Vorschläge waren ein Geheul. Bryce wiederholte sie mit gespielter Verzweiflung ins Telefon und wurde mit panischen Geräuschen am anderen Ende belohnt. Er und Pierce lachten über die hektischen Fragen und Ausrufe des Opfers. Das Ganze, prägnant und pointiert und mit der dramatischen Kraft der Einfachheit, war ein super praktischer Witz, der das gesamte Sonnensystem in den nächsten Wochen in Aufruhr versetzen würde.

Die Auswirkungen wären endlos. Menschen würden plötzlich verschwinden und in den unbekannten Ländern neue Namen und Identitäten annehmen, andere würden ihre großen Ersparnisse herausholen und die erste Rakete von der Erde abheben. Es würde einen neuen Zustrom von Flüchtlingen in den Gürtel geben, neue Siedler als ehrliche Bauern, Fabrikarbeiter und Handwerker.

Ja, die Situation war dramatisch.

Der Tag war ein guter Tag.

Doch als Bryce beim letzten Anruf auflegte, begann ihn ein deprimierendes, beunruhigend antiklimatisches Gefühl des Unglücks zu befallen. Pierce sprach mit einer Begeisterung über die Pläne für die nächste Woche, die völlig ansteckend hätte sein sollen.

Aber da stimmte etwas nicht. Da stimmte etwas nicht.

Was war es?

Bryce spürte, wie Pierces Begeisterung ihn erfasste und begann, ihn mitzureißen. Er genoss das wohlige Strahlen, das die erschütternden Veränderungen hervorriefen, die er an einem Tag vollbringen konnte. Mit sechs Telefonanrufen hatte er den Drogenring vollständig und für immer zerschlagen, so vollständig, dass kein Mitglied jemals wieder mit irgendeinem Mitglied Geschäfte machen würde. Sie alle waren aus dem Geschäft und flohen, während ihnen die imaginären Hunde des Gesetzes auf den Fersen waren.

Er lächelte bei dem Gedanken.

Und dann verblasste sein Lächeln aus irgendeinem seltsamen Grund und er hörte für einen Moment nicht mehr Pierce zu, schaute weg und hörte auf zuzuhören, denn Pierce wurde gerade in diesem Moment seltsamerweise von der Klarheit seines Denkens abgelenkt. Er wollte noch einmal Revue passieren lassen, was er gerade getan hatte.

Was war falsch?

Was?

Er kämpfte mit zunehmender Verwirrung, die Tischplatte und die Telefone verschwammen, während er mit verzweifelter Anstrengung versuchte, sich zu konzentrieren.

Unerwartet rückte die Frage in den Fokus. Es war, als ob der Raum auf den Kopf gestellt und der Tag auf den Kopf gestellt worden wäre.

Er hatte sich selbst zerschmettert – nicht UT!

Warum?

Warum hatte er diese Anrufe getätigt – seine Pläne geändert – und diese Anrufe getätigt?

Mit der vollkommensten und schrecklichsten Klarheit sah er die Ergebnisse dessen, was er getan hatte. Die Organisation zerstört. Die Kontakte, die er vor fünfzehn Jahren als anonymer junger Hafenarbeiter geknüpft hatte,

Kontakte, die er als Bryce Carter nie wieder knüpfen konnte – verschwanden – verschmolzen mit der großen Masse der Öffentlichkeit – wurden zu grauen, unbekannten Gestalten. Das Gebäude der Jahre, das wie eine Zuckerburg schmilzt, verschmilzt mit der Flut – die unsichtbare Armee, die seiner quellenlosen Stimme gehorcht hatte, ohne erpressen oder rebellieren zu können, das perfekt ausbalancierte Werkzeug in seinen Händen, das zur Bestechung korrupter Politiker eingesetzt werden konnte ein grenzenloser Fonds für Bestechung, die wachsende geheime Kontrolle über die korrupteste politische Maschinerie der Erde, dass sie, wenn er sie brauchte, eine unwiderstehliche Waffe in seiner Hand für den einzigen schnellen politischen Schlag gewesen wäre, der den Gürtel zerreißen würde von der Kontrolle über die Erde zu entkommen und ihr einen Sitz in der Versammlung der Föderierten Nationen und die Herrschaft über das Sonnensystem zu verschaffen –

Doch während er dort saß, löste sich die Organisation auf.

Er griff nach dem Telefon, aber jetzt war niemand da, den er anrufen konnte, niemand würde antworten. Er konnte sie nie wieder erreichen.

Das war jetzt vernünftig, aber was war das vorher gewesen, als er fröhlich seine Zukunft zerstörte? Es schien ihm, als gäbe es zwei Hälften seines Gehirns, von denen jede unterschiedliche Dinge wollte. Für einen Moment war derjenige, der den Tag kontrolliert hatte, verschwunden und er war wieder bei Verstand, aber wie lange würde dieser Moment anhalten? Welches Zeichen hatte es gegeben, als es die Kontrolle übernahm? Würde er es wissen, wenn es wieder kam?

Er erinnerte sich, dass er und Pierce an jenem Morgen in der U-Bahn eine halb scherzhafte Auseinandersetzung über das beste kurze und fröhliche Leben geführt hatten. Einer der Glücklichen auf der Liste war der INC-Agent, denn sie verbrachten so viel Zeit ihres Lebens damit, in Schmuggelbanden zu arbeiten, dass sie alle Freuden und Gewinne eines Gauners und gleichzeitig eines ehrlichen Mannes hatten. War dort sein Rädchen verrutscht?

Als er auf die Dinge zurückblickte, die er an diesem Tag getan hatte, erkannte er, dass vieles davon einem abstrakten Muster der Gerechtigkeit entsprach, als hätte er sich selbst als INC-Mann gesehen. Oder als ob –

Er dachte an die Dinge, die er in seiner Kindheit gesehen hatte und die sie Zombies genannt und die sie verspottet und gequält hatten, ohne Angst vor Vergeltung oder Rache seitens ihrer graugesichtigen Opfer zu haben. Eingesperrte Männer – sie sahen normal aus – aber sie waren geistig eingesperrt. Gesetzeszombies, die sich Gesetze merken und befolgen und mit einer einfachen und erschreckenden Wörtlichkeit ehrlich sind.

Er hatte nicht gewusst, dass er die Fähigkeit zum Terror besaß.

Bryce Carter. Er hatte seinen Namen, seine Identität und sein Gedächtnis, und sie gehörten ihm. Manchmal hatte er nichts anderes gehabt, nur den Stolz und die Stärke, seine Identität zu kennen, dass sie ihm gehörte und stärker als andere war, genauso wie seine Hände stärker waren, etwas, das sie ihm nicht nehmen konnten.

Könnten sie? Es gab einen Albtraum, den er mehr als einmal gehabt hatte und an den er sich plötzlich zum ersten Mal erinnerte, mit all seiner Atmosphäre kindlicher Fremdartigkeit. Die Polizeipsychologen waren hinter ihm her. Er war in einem großen Raum mit Lichtern gefangen und sie hatten seinen Kopf geöffnet und jagten ihn irgendwie in seinem Kopf herum, versuchten ihn zu fangen und zu töten, den Er, der in seinem Kopf lebte.

Würde er es wissen, wenn es weg wäre?

Die schwarzen, scharfkantigen Schatten der Kraterwände zogen sich über die Landeebene draußen und beendeten die zwei Wochen Tageslicht, und das reflektierte Sonnenlicht wurde im Raum schwächer. Er konnte das Grollen eines schweren Schiffes einer Frachtflotte hören, das sich zur Landung senkte.

Sein Assistent saß wie schon seit einiger Zeit ruhig auf der Schreibtischkante und beobachtete regungslos die dünne Rauchwolke, die aus einer Zigarette in seiner Hand aufstieg. Er war so still, als würde er in der Ferne auf ein subtiles Geräusch lauschen. Raketenstrahlen ließen ein orangefarbenes Licht durch die Jalousien aufblitzen und fielen in orangefarbenen Lichtstreifen über das dunkle junge Gesicht. Das kurze Grollen eines Raketenstarts ertönte, übertragen durch den Boden und das Gebäude. Der Rauch, der von der Zigarette aufstieg, war die einzige Bewegung.

„Roy, ist Pierce dein richtiger Name?"

Das Licht blitzte und verblasste in orangefarbenen Balken über dem jungen Gesicht, von dem er gedacht hatte, es sei sein eigenes, das des Jungen, von dem er geglaubt hatte, er stamme von Pop Yak. Das schnelle, tiefe Grollen erklang und verklang in den Wänden um sie herum. Ein flüchtiges Lächeln huschte über sein Gesicht und die dunklen Augen ruhten für einen Moment auf seinem, während Roy Pierce die Information beiläufig weitergab, als wäre es eine andere Information, und die eigentlich gemeinte Frage beantwortete. „Es ist der Name meiner Mutter. Wir nehmen immer den Namen unserer Mutter. Ich bin ein Manoba – ein Manoba von Jaracho ."

IX

Als er Bryce ins Gesicht blickte, stand er langsam auf, drückte den Stummel seiner Zigarette aus und stellte sich vor den Schreibtisch.

Bryce holte seine Waffe heraus und hielt sie so, dass Pierce sie sehen konnte. „Wurden Manobas jemals erschossen?" Es war eine schwere kleine Waffe, sein Maggy , der Lauf glatt und rund, das schwere Metall warm, weil es dicht auf der Haut getragen wurde.

„Manchmal. Es ist eine völlig natürliche Reaktion."

Es handelte sich um eine weltraumtaugliche Waffe mit einstellbarer Geschwindigkeit zum Durchfahren von Polsteranzügen und Druckanzügen. Die Geschwindigkeit war hoch eingestellt, aber es wäre unkünstlerisch, ein großes Loch durch einen Psychotherapeuten zu sprengen. Bryce drehte langsam den Regler herunter und beobachtete ihn.

„Decken die Berufsethik der Privatsphäre und der Nichtöffentlichkeit solche Situationen ab?"

Pierce lächelte leicht mit einem Anflug von bitterem Humor. „Es ist undiplomatisch, Ihnen das zu sagen, aber ja, der Notfall ist abgedeckt. Es gibt nichts, was mich in irgendeiner Akte als Fall mit Ihnen in Verbindung bringen könnte, noch irgendetwas, das mich als Mitglied der von Ihrer Firma beauftragten Manoba -Gruppe identifizieren könnte. Die Ethik." Aus Gründen der Privatsphäre dürfen keine Ausnahmen für die Familienunterlagen vorgesehen werden.

Eine kühle Neugier hielt ihn gefangen. „Sag mir – als du gesehen hast, dass ich anfing zu denken, warum hast du mich dann nicht einfach für ein kurzes Nickerchen angehalten und bist dann gegangen?"

Das Lächeln blieb. „Ich soll den Schock der Erkenntnis kontrollieren und dafür sorgen, dass er verarbeitet wird, ohne dem Subjekt zu schaden." Seine dunklen, ausdruckslosen Augen trafen auf die von Bryce, und Bryce spürte ihre Wirkung und erkannte zum ersten Mal, dass sich auf seinen eigenen Lippen dasselbe leicht bittere, beiläufige Lächeln befand und in seinem Inneren die ruhige, ironische Stimmung mit der stillen Klarheit eines tiefen Schwimmbad. Seine eigene Stimmung? Er hob die Waffe in die Hand und spürte ihr Gewicht und ihre Balance. „Das hätte man über den Fernseher machen können", betonte er leidenschaftslos. „Wie hoch ist die durchschnittliche Sterblichkeit, wissen Sie?"

„Nicht hoch. Nur Unerfahrenheit ist gefährlich. Wenn man die ersten drei oder vier Fälle durchstehen kann, ist das sicher genug."

Wenn man auf die vergangenen Tage zurückblickt, wird deutlich, dass Pierce seine Gefühle unter Kontrolle hat. Jede Emotion, die Pierce für ihn ausgewählt hat, würde er fühlen. Es blieb abzuwarten, welchen Einfluss dies auf sein Vorhaben haben würde. Der dunkelhäutige junge Mann stand lässig vor dem Schreibtisch und beantwortete Fragen mit einem leicht zurückhaltenden Lächeln, das die ironische Ironie beider hervorrief.

Ein Mann macht, was er will. Das ist Freiheit, aber was er wollte, konnte offenbar kontrolliert werden. Ein Mann *ist,* was er will. Aber was er wollte, konnte geändert werden. Wie einfach war es gewesen, ihn zu ändern. Bryce versuchte sich mit dem Gedanken an die Macht und den Ruhm der Herrschaft, die Herrschaft und Beherrschung des Weltraums – ein Ziel, das seine Gedanken viele Jahre lang erwärmt hatte.

Er wollte es nicht.

Dort, wo Emotionen hätten sein sollen, herrschte eine Taubheit, und alles, was er über seinen Verlust spüren konnte, war die Resignation und der leicht bittere Humor, den ihm Pierces Lächeln zuteil werden ließ. Als er dieses Lächeln beobachtete, bewegte er die schwere kleine Waffe in seiner Hand, drehte sie beiläufig um und spürte ihr vertrautes Gewicht und die Textur ihrer Oberflächen.

Er sprach sanft. „Wenn es Ihnen nichts ausmacht, wenn ich frage, haben Sie Ihre ersten drei Fälle schon hinter sich?"

„Du bist mein Erster", sagte Roy Pierce, dem er vertraut hatte. „Ich fürchte, ich war ungeschickt."

„Oh, das hast du gut gemacht." Dann schoss Bryce auf ihn und platzierte die Kugel vorsichtig in seiner Magengrube, wo es wehtun würde. Das geschah, um es gut zu machen. Für Gerechtigkeit. Kein Mensch hat das Recht, sich in die Gedanken eines anderen Menschen einzumischen.

Pierce hatte angefangen zu sprechen. Er wankte einen halben Schritt zurück, ein Anflug von Veränderung huschte über sein Gesicht, dann stand er ruhig da und lächelte wieder. Diese kurze Grimasse berührte Bryces Nerven mit einem Gefühl, das dem Klirren von etwas Schwerem ähnelte, das in ein Klavier fällt, ein Geräusch, das er einmal gehört hatte. Aber die Taubheit ließ seine Gefühle nicht verschwinden. Er lächelte immer noch. Die dritte Kugel würde zwischen den Augen sein.

Die Worte waren leise und schnell, aber klar.

Bryce hörte nicht zu. „Das ist für gute Arbeit", sagte er, übertönte die andere Stimme mit seiner eigenen und drückte erneut den Abzug, wobei er die Kugel dieses Mal etwas tiefer platzierte, in den Bauch, wo sie sich, falls sie sich in einem der Spinalgeflechte verfing , verfing könnte den bisherigen Glauben verletzen. Pierce schwankte leicht. Sein Gesicht nahm die lehmblaue Farbe an, die bei dunkelhäutigen Rassen auftritt, wenn sie blass werden. Bryce vermutete, dass er irgendwo innerlich blutete und ohne Hilfe bereits tot war.

Für einen Moment sah Bryce so etwas wie Anstrengung in den dunklen, unleserlichen Augen. Dann lächelte Pierce plötzlich, sein junges Gesicht war entwaffnend unschuldig und fröhlich. „Ach komm schon, Bryce, es ist nicht so ernst. Sei ein guter Sport. Du willst nicht –"

Plötzlich empfand Bryce die Situation als puren Humor, als eine Art verrückte Farce für das Gelächter eines kosmischen Witzbolds. Er richtete das Visier auf das lächelnde Gesicht. Belustigung brodelte in seinem Blut und er hörte sich selbst lachen – hörte es mit einer grimmigen sekundären Belustigung.

„Der Witz ist deine Schuld", sagte er und drückte ab, dann lachte er erneut. Der Witz ging auf ihn.

Er hatte es verfehlt. Er hatte das Ziel aus einer Entfernung von einem Meter verfehlt. Dennoch blieb seine Hand felsenfest. Pierces Kontrolle hatte ihn. Sein Lachen verstummte, als der Humor in Pierces Haltung wieder zu dem kleinen, schiefen Lächeln verschwand, das von Anfang an da gewesen war.

Bryce hatte nicht verloren. Er musste nur ein wenig warten und er hatte gewonnen. Es sei denn, Pierce könnte seine Kontrolle nutzen, um ihn zu zwingen, Hilfe zu rufen. Er nahm sich vor, Widerstand zu leisten und nicht zuzuhören. Es dauerte nicht mehr lange. Die ausdruckslosen dunklen Augen, die ihn festhielten, begannen sich bei der Anstrengung, etwas zu sehen, leicht zu weiten, was bedeutete, dass eine private Dunkelheit den Psychotherapeuten umgab. Das Grollen entfernter Raketen schien lauter zu werden und übertönte seine schwächer werdende Stimme. „Es ist deine Entscheidung, Bryce. Ich gebe sie dir. Du wirst das später nicht wollen – Bryce –, aber nicht – Hunger, es ungeschehen zu machen. Es ist Bezahlung genug für alle – Zeiten wie diese –, dass du änderst – und es nicht tust „Ich will sie schon wieder." Pierce holte erstickend Luft und schwankte deutlicher. „Waffe", flüsterte er und streckte die Hand in Bryces Richtung aus, während seine Augen blind wurden.

Bryce reichte ihm das Magnomatikgerät und sah zu, wie Pierce mit gebeugten Knien darüber herumfummelte und blind seine Abdrücke darauf hinterließ.

Als er fiel, griff Bryce zum Telefon und rief den Notruf an. Die Einsatzkräfte würden irgendwo in der Nähe in den Hallen herumlaufen und nach der Quelle der drei Funknotizen suchen, die ihnen mitgeteilt hatten, dass eine Waffe abgefeuert worden sei.

„Das war das letzte Mal, dass ich ihn gesehen habe", der junge Mann hörte auf zu reden und sah zufrieden mit sich aus.

Donahue leerte gereizt sein Getränk und stellte es auf die Bar, die an der Decke aufgestellt worden war, als die Gs losgingen. Es haftete magnetisch. „Machen Sie es bitte genauso." Er drehte sich zu Roy Pierce um, der neben ihm schwebte. „Hör auf, mich zu nerven, Mann, beende die Geschichte. So wie du es erzählst, weiß ich nicht, was du getan hast, wie du es getan hast oder ob du gestorben bist oder nicht."

„Oh, ich bin gestorben", sagte Roy Pierce. „Aber sie haben mich wiederbelebt", fügte er hinzu.

„Gut! Das freut mich zu hören!" sagte Donahue fröhlicher und fragte sich plötzlich, wie sehr er veräppelt wurde. „Für einen Moment haben Sie mich beunruhigt. Erklären Sie mir jetzt etwas über diese Behandlung."

„Das nennt man Seelenfressen", erklärte der dunkelhäutige, glatthaarige Junge, „ich glaube nicht, dass du das schaffst."

Donahue dachte sorgfältig über diese Informationen nach. „Vielleicht nicht. Wie wird es gemacht?"

„In den Stämmen meines Volkes soll die Seele ein unsichtbarer Doppelgänger sein, der an deiner Seite geht, dich beschützt und still zu deinem Geist spricht. Ihr Gesicht ist das Gesicht, das aus Spiegeln und aus Teichen auf dich blickt, und das Schatten, der neben dir auf dem Boden wandelt. Übeltäter sagten, nachdem sie mit einem Manoba gesprochen hatten, dass ihre Spiegelbilder verschwunden seien. Unsere Familie wurde „Seelenfresser" genannt, und alle Stämme im Umkreis von neunhundert Meilen fürchteten sich vor uns. "

„Das bin ich auch", sagte Donahue kompakt. „Wie meine jiddische Großmutter mütterlicherseits sagen würde: Es klingt nach Werwölfen."

„Ich kann es erklären."

„Keine Magie?"

„Sehen Sie", sagte der Jugendliche knapp, „Möchte ich aus der FNMA geworfen werden? Was wäre, wenn ich in einem Dschungelkreis gesessen hätte, der bis über die Ohren mit Kräutern und Zaubersprüchen beladen wäre, während um mich herum die Trommeln meiner Cousins erklangen und …" Ich lernte die besten und subtilsten Methoden meiner Technik damals, als ich durch die Augen meines Urgroßvaters schaute oder mich mit seinem Geist unterhielt. Glaubst du, ich würde das sagen?"

„Nein", gab Donahue zu. Er entfernte sich ein wenig.

Der Jugendliche sprach düster. „Rapport und verstärktes Einfühlungsvermögen lernt man, indem man sich Spiegeln aussetzt. Die Technik ist unter Psychologen veröffentlicht, bekannt und akzeptiert, aber die meisten von ihnen versuchen es einfach nicht. Sie geht zu schnell nach hinten los und erfordert ein zu hohes Maß an Geschick." . Es hat seinen Ursprung in meiner Familie." Der Jugendliche sprach noch düsterer. „Was ich tue, ist offensichtlich genug, wenn ich es so mache. Es ist einfach vorherige Mimikry. Ich beobachte den Trend dessen, was in seinen Gedanken vorgeht, und drücke ungefähr aus, was er fühlt und denkt, ein wenig bevor er es tut. Also jetzt, unbewusst." Er ist darauf angewiesen, dass ich ihm sage, was er denkt und wie er fühlt.

„Ich war sein Spiegel, sein vorheriger Spiegel. Ich bin ein klarer, ausdrucksstarker Underplay-Schauspieler als Schauspieler, und jede Nuance der Reaktion ist separat und unverkennbar. Das Unterbewusstsein ist nicht rational, aber es verallgemeinert aus Regelmäßigkeiten, die das Bewusstsein niemals hat." Subtilität zu bemerken. Ich sah, wie ich konsequent seine eigenen inneren Reaktionen darstellte, Stunde für Stunde in jeder Situation klarer, als Bryce jemals sah, wie er etwas in einem Spiegel ausdrückte, und stabiler, als er jemals einen Spiegel sah. Das Unterbewusstsein assoziierte dann die innere Emotion mit dem entsprechenden Außenbild für jeden. Ich wurde zu Bryces unbewusstem Selbstbild . Wenn er daran denkt, etwas zu tun, ist das Bild in der Vorstellung, das es tut, nicht er selbst, sondern ich. Dies kann zu erheblicher geistiger Verwirrung führen."

"Es sollte!" Donahue stimmte leidenschaftlich zu.

„Ich habe ihn an neue Orte und Situationen gebracht, an denen er unsicher und ich sicher war, sodass er mir, als ich davon abwich, ihn zu spiegeln, die Führung gab und mich widerspiegelte. Einer von uns musste der Urheber und der andere das Spiegelbild sein." aber jetzt war es umgekehrt. Er kämpfte nicht unbewusst dagegen an, weil die Ergebnisse erfreulich waren. Ich behielt die Führung und führte ihn in einem mentalen Tanz durch Gedanken und Reaktionen, die er noch nie zuvor gehabt hatte, in einem Persönlichkeitsmuster, das seinem eigenen völlig fremd war, eines, das Ich wollte, dass er es getan hat. Dafür war ich nicht eingestellt worden, aber ich musste verstreichen, bevor ich das UT-Problem lösen konnte, und ich wollte es für ihn tun. Die Spiegelverbindung war am ersten Tag fertig, aber ich Ich fürchte, die zusätzlichen Tage haben es unauslöschlich gemacht. Er wird in seinen Gedanken immer ich sein, und Spiegel werden für ihn nie richtig aussehen."

„Es ist so einfach, es ist offensichtlich", sagte Donahue enttäuscht. „Für mich klingt es nicht nach Magie."

Der Junge war nachdenklich und runzelte die Stirn. „Manchmal trifft es mich auch nicht. Ich frage mich, ob der Geist meines Großvaters mir das Richtige gesagt hat –"

„Vergiss den Geist deines Großvaters", unterbrach Donahue hastig. Auf seinen wenigen Raumfahrten konnte er sich nie an das unheimliche Herumschweben in der Luft gewöhnen, und es schien eine schlechte Zeit zu sein, über Geister zu reden. „Was ist mit Bryce Carter. Was ist aus ihm geworden? Wissen Sie", sagte er trotzig, „ich mag seine Pläne, den Gürtel zu organisieren und UT zu brechen. Und wenn ich darüber nachdenke, wäre ich dabei gewesen, als Sie sich eingemischt haben." *Ich* glaube, ich hätte dich selbst erschossen.

„UT hatte mich nur angeheuert, um den Organisator des Schmugglerrings zu finden und ihn zu überreden, seine Organisation in UT aufzulösen. Das hatte ich getan. Also verließ ich am dritten Tag, als ich laufen konnte, das Krankenhaus und ging zurück zur Erde, und Ich kassierte mein Honorar für eine geleistete Arbeit. Viele Leute waren plötzlich von ihrer Gehaltsliste verschwunden, und die Kriminalstatistiken in einigen Städten hatten eine erschreckende Flaute gezeigt. Sie wussten, dass ich es getan hatte, und zahlten und waren dankbar." Der dunkle Junge zuckte mit den Schultern. „Ich hatte nicht das Gefühl, dass ich ihnen von Orillo erzählen musste . Er gab der Polizei einen Hinweis und verbreitete ein Gerücht, und die Kriminalstatistiken der Monate zuvor, als sie mit der Verteilung der Filialen von Union Transport in Verbindung gebracht wurden, enthielten genügend Beweise. obwohl es nichts gab, was auf irgendjemanden im Besonderen hinwies, außer auf diejenigen, die verschwunden waren."

Donahue erinnerte sich. „ Sicher ist das die Untersuchung von Transportmonopolen, die letztes Jahr so viel Aufsehen erregt hat. Ich habe einen Teil davon im Kongress gesehen."

Pierce reichte ihm eine Reisemappe. Farbenfroh bebildert warb es für Weltraumtouristen mit den Vorteilen der C&O-Linien. „Carter und Orillo ."

Donahue blickte verwirrt auf. „Aber das ist der nächste Schritt in dem, was er geplant hat. Ich dachte, du hättest ihn verändert."

„Mahatma Gandhi hätte diese Pläne umgesetzt", sagte Pierce mit einem Anflug von Grimmigkeit. „Wie Sie betont haben, sind sie attraktiv. Aber ich habe ihn verändert. Ich werde Ihnen keine Persönlichkeitsdynamik nennen, aber wenn Sie eine Liste der Veränderungen wollen – Er ist mit Sheila Wesley verheiratet, das ist eine Veränderung. Und anstatt abends nach Hause zu gehen, er." Er geht in Bars und Restaurants herum, redet mit jedem, hört jedem zu, mag sie alle und schließt mit Begeisterung Freunde auf vielen Wagenladungen. Das ist eine weitere Veränderung. Er schaut nicht in

Spiegel, weil er dadurch schielt. Das liegt daran, dass er unbewusst erwartet,
mich im Spiegel zu sehen. Und er wird den Gürtel organisieren und Präsident
werden, wie er es geplant hat. Ich werde ihn dabei nicht aufhalten. Der
Unterschied wird sein, dass er die Macht, die er bekommen wird, nicht wollen
wird." Pierce sagte grimmig: „Einem machtgierigen Mann kann man niemals
Macht anvertrauen: Er wird größenwahnsinnig . und es nicht wollen. Das ist
die einzig sichere Art von Mann, die man in einer mächtigen Position haben
kann."

als Eunuchen ins kismische Paradies schicken . Ihr Psychologen seid alle
völlige Sadisten", sagte er und hob sein Getränk. „Ich nehme an, du hast
etwas in mein Getränk getan?"

„Absolut nichts", versicherte ihm Roy Pierce grinsend. „Das Komische war,
dass *ich* , als ich damals auf die Erde zurückkam, ständig schielte, wenn ich in
einen Spiegel schaute. Und meine Freunde sagten, ich wäre nicht ich selbst.
Wenn ich nicht ich selbst wäre, wusste ich, dass ich immer noch Bryce Carter
sein musste." Die Dinge schienen anders zu sein, und sie hatten mich
gewarnt, dass die Technik beim Lernen manchmal nach hinten losging. Also
rief ich meinen Onkel Mordand im Fernsehen an – er ist das
Familienoberhaupt und lebt auf einem Anwesen im Dschungel – und er —"

Donahue war wieder fasziniert.

Pierce hatte herausgefunden, dass es für jeden Fall einen anderen Ansatz gab.
Es war normalerweise nicht ethisch vertretbar, über eine Krankengeschichte
zu sprechen, aber er wusste mit großer Sicherheit, dass man sich darauf
verlassen konnte, dass Donahue nicht wiederholte, was man ihm erzählte.
Der einzige Grund, warum in seinem aktuellen Getränk nichts mehr
enthalten war, war, dass im letzten Getränk etwas gewesen war.

Das war Fall fünf.